«Uno de mis pasatiempos favoritos es leer los sermones de predicadores que hace tiempo partieron a recibir su recompensa. Y una de las cosas que menos me gusta es darme cuenta de que pocas de las iglesias que estos predicadores dirigieron sobrevivieron el paso del tiempo. De hecho, algunas de las iglesias a las que he asistido a lo largo de mi vida —algunas de las iglesias en las que una vez me enseñaron tan bien— ya han decaído y se han disuelto. En muchos casos, no fue la falsa doctrina o los falsos maestros lo que debilitó la iglesia, sino una simple falta de amor, de mantener la unidad del Espíritu en el vínculo de la paz. Es por esta razón que estoy tan agradecido por este libro y por el llamado de Jamie Dunlop para que tú —¡sí, tú!— busques la unidad en tu iglesia. Que Dios lo use para convencer a Su pueblo y proteger a Su iglesia».

Tim Challies, autor, *Seasons of Sorrow* [Estaciones de dolor]

«¡Necesario! Sí, eso es lo que pensé al leer cada capítulo de *Ama a los que te vuelven loco*, de Jamie Dunlop. He necesitado este libro durante cuatro décadas de pastorado. Lo necesito ahora como miembro de la iglesia. Dunlop toma situaciones difíciles que enfrentamos en la iglesia local y nos ayuda a ver el poder de Cristo solo para amarnos verdaderamente unos a otros en el cuerpo de Cristo. Recomiendo encarecidamente este libro».

Phil A. Newton, director de Cuidado Pastoral y Mentoría, Pillar Network; autor, *40 Questions about Pastoral Ministry* [40 preguntas sobre el ministerio pastoral] y *Shepherding the Pastor* [Pastoreando al pastor]

«No tienes que ser miembro de una iglesia local durante mucho tiempo antes de descubrir que las personas a tu alrededor pueden ser desafiantes. Sus publicaciones en las redes sociales te dan escalofríos, sus elecciones como padres te preocupan y sus personalidades a veces simplemente te molestan. (El libro de Jamie Dunlop es un salvavidas para esos días en los que te cuestionas si estás en el lugar correcto el domingo por la mañana). Mientras leía, me sentí animada y convencida de que amar a la gente de mi iglesia podría ser el testimonio más radical de Cristo que podría dar en este mundo. Si eres miembro o líder de una iglesia, la sólida teología de Dunlop, su aplicación práctica y su tono cálido te ayudarán a ir más allá de la comodidad personal para mostrar el glorioso nombre de Jesús. Lo recomiendo encarecidamente».

Megan Hill, esposa de pastor; autora, *A Place to Belong* [Un lugar al que pertenecer]; gerente editorial, Coalición por el Evangelio

«El mundo está obsesionado con la idea del amor, pero odia sus implicaciones bíblicas. Amamos por razones egoístas y queremos amar cuando nos conviene. Amar a las personas que no son amables es contracultural y, a los ojos del mundo, escandaloso. Eso es lo que hace única a la Iglesia, porque personas que no tienen por qué llevarse bien buscan desinteresadamente el bien de los demás. En *Ama a los que te vuelven loco*, Jamie Dunlop nos llama a obedecer los mandamientos de las Escrituras y a seguir el ejemplo de nuestro Señor para amarnos desinteresada y sacrificadamente unos a otros y buscar la unidad en la diversidad».

Chopo Mwanza, pastor, Faith Baptist Church Riverside, Kitwe, Zambia

«*Ama a los que te vuelven loco* es una lectura obligatoria para todo cristiano. Nuestro mundo está lleno de conflictos y la gente se divide por todo: la raza, la sanidad, el medio ambiente e incluso los alimentos que comemos. Pero los cristianos somos diferentes. Nuestra unidad está solo en Cristo. Esta unidad no es fácil, pero muestra a Cristo al mundo y puede prevalecer sobre cualquier cosa que amenace con dividirnos. Lee este libro para avivar tu afecto por tu iglesia y crecer en el amor a los demás desde el corazón».

Keri Folmar, esposa de pastor en Dubai; autora

«Los verdaderos cristianos necesitan preocuparse más por la unidad de la iglesia. En una época en la que los cristianos a menudo se apresuran a abandonar las iglesias porque no están de acuerdo con otros miembros o porque no les gustan, este libro es un desafío útil y muy necesario. Lee este libro y déjate ayudar en tu capacidad de amar hoy a esas personas difíciles, con las que un día estarás unido en Cristo por toda la eternidad, dando así un hermoso testimonio del poder del evangelio».

Matthias Lohmann, pastor, FEG Múnich, Alemania; presidente, Evangelium21

«En lugar de restarle valor a su misión, los desacuerdos en la iglesia son una oportunidad para mostrar el glorioso poder del evangelio para unirnos en Cristo. Jamie Dunlop nos anima a contemplar la belleza de una iglesia *solo en Cristo*, construida sobre la misericordia, la esperanza, el perdón, el amor y la fe. Este útil libro me desafió a aplicar las verdades del evangelio a mis relaciones en la iglesia. Léelo para sentirte convencido y animado. Mejor aún, ¡compra copias para tus compañeros de iglesia para cuando los vuelvas locos!».

Eugene Low, pastor principal, Grace Baptist Church, Singapur

«*Ama a los que te vuelven loco* no está escrito por un teórico abstracto escondido en una torre de marfil. Más bien, está escrito por un pastor en una de las ciudades con mayor diversidad política, étnica y cultural del mundo, lo que significa que está escrito por un pastor que regularmente ve a pecadores redimidos entrar en conflicto. Y, sin embargo, como Dunlop nos recuerda a partir de las Escrituras, Dios puede redimir incluso estos conflictos para Su gloria. Si eso te parece imposible de creer, bienvenido al club. Y, sin embargo, en este club, la voz de Dunlop nos recuerda insistentemente que con Dios todo es posible. Deberíamos tomar prestada su esperanza. Deberíamos leer este libro. Después de todo, si todo el mundo fuera como tú en la iglesia, esta podría ser fácil, pero no sería gloriosa. He aquí una obra que nos exhorta hacia lo glorioso mientras nos pastorea a través de los dolores de lo no glorioso. Recibámosla y leámosla con gratitud».

Isaac Adams, pastor, Iron City Church, Birmingham, Alabama; fundador, United? We Pray

AMA A
LOS QUE TE
VUELVEN
LOCO

AMA A LOS QUE TE VUELVEN LOCO

Ocho verdades para fomentar la unidad en tu iglesia

JAMIE DUNLOP

B&H
ESPAÑOL®
BRENTWOOD, TENNESSEE

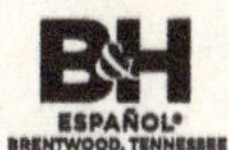

Ama a los que te vuelven loco: Ocho verdades para fomentar la unidad en tu iglesia

B&H Publishing Group
Brentwood TN, 37027

Diseño de portada: Jonlin Creative

Clasificación decimal Dewey: 241.4
Clasifíquese: MANEJO DE CONFLICTOS\ CONFLICTO EN LA IGLESIA \ COMUNIÓN DE LA IGLESIA

ISBN: 979-8-3845-1518-0

Impreso en EE. UU.
1 2 3 4 5 * 28 27 26 25

Índice

Prefacio de la serie

La serie de libros 9Marks se basa en dos ideas básicas. En primer lugar, la iglesia local es mucho más importante para la vida cristiana de lo que quizá muchos cristianos hoy en día creen.

Segundo, las iglesias locales crecen en vida y vitalidad a medida que organizan sus vidas alrededor de la Palabra de Dios. Dios habla. Las iglesias deben escuchar y seguir. Es así de sencillo. Cuando una iglesia escucha y sigue, empieza a parecerse a Aquel a quien sigue. Refleja Su amor y santidad. Muestra Su gloria. Una iglesia se parecerá a Él cuando lo escuche a Él.

Así que nuestro mensaje a las iglesias es que no busquen las mejores prácticas empresariales o los estilos más actuales, sino que vean a Dios. Empiecen por escuchar de nuevo la Palabra de Dios.

De este proyecto global surge la serie de libros 9Marks. Algunos están dirigidos a pastores. Otros se dirigen a los miembros de la iglesia. Esperamos que todos combinen un cuidadoso estudio bíblico, reflexión teológica, consideración cultural, aplicación y un poco de exhortación individual. Los mejores libros cristianos son siempre teológicos y prácticos.

Es nuestra oración que Dios use este libro y los demás para ayudar a preparar a Su novia, la Iglesia, con resplandor y esplendor para el día de Su venida.

Agradecimientos

CON AGRADECIMIENTO A Isaac Adams por animarme a poner estas ideas por escrito; a John Lee, Joan Dunlop, Caleb Morell, Andy Winn, Bobby Jamieson, Ben Lacey, Serennah Harding, Tiago Oliveira y Joey Craft por sus atentos comentarios al manuscrito; a Jonathan Leeman y Alex Duke de 9Marks y a Tara Davis de Crossway por ayudarme a dar forma a este libro; a quienes amablemente me han permitido contar sus historias; a la congregación de la Iglesia Bautista Capitol Hill por darme tiempo para escribir y por amarme con el amor de Cristo.

Introducción

¿Así que *esto* es lo que significa «solo en Cristo»?

El conflicto en tu iglesia como prueba de fe

Porque si amáis a los que os aman, ¿qué mérito tenéis? Porque también los pecadores aman a los que los aman.

LUCAS 6:32

La dificultad de una iglesia «solo en Cristo»

¿A quién no le desaniman los conflictos en la iglesia? Después de todo, la iglesia local debería ser lo más cercano al cielo en la tierra, ¿verdad? Sin embargo, hay muchos desacuerdos en la iglesia. El conflicto surge de las diferencias de opinión, como por ejemplo si los líderes de la iglesia tienen razón al enviar menos recursos al centro de apoyo que te agrada. Viene de las diferencias de convicción, como ese miembro de la iglesia cuyas redes sociales promueven opiniones que encuentras moralmente preocupantes. A veces se trata de diferencias culturales o de clase que te hacen sentir como un extraño en tu propia iglesia. Y a veces, es solo que la gente te cae mal.

De hecho, estoy convencido de que las iglesias son *especialmente* propicias para el conflicto, precisamente porque deberían estar centradas únicamente en Cristo. Piénsalo un momento: una iglesia debe definirse solo por Cristo. No por Cristo *y* las convicciones compartidas sobre las opciones de educación de los niños, o por Cristo *y* una estrategia contra la pobreza, o por Cristo *y* la repulsión ante la publicación de algún miembro en las redes sociales, o por Cristo *y* un determinado gusto musical… ¿Entiendes? Es fácil *decir* que la iglesia debe centrarse solo en Cristo. Bueno, querido lector, así es como se ve vivir con todas estas diferencias y desacuerdos. Y frecuentemente no estamos listos para este tipo de iglesia basada «solo en Cristo».

La gloria de una Iglesia «solo en Cristo»

Sin embargo, las diferencias y desacuerdos que amenazan con desgarrar tu iglesia están llenos de potencial para proclamar la gloria de nuestro Dios bueno y misericordioso. Ese es el objetivo de este libro. Al final, las iglesias del Nuevo Testamento estaban llenas de diferencias y desacuerdos, como la tuya y la mía. Surgieron de sus propias guerras culturales (judíos y gentiles). Procedían de extremos opuestos de la sociedad (esclavos y libres, ricos y pobres). Llegaron a convicciones morales opuestas (beber vino, comer carne). En el Nuevo Testamento, no todos estos desacuerdos se resolvieron, ni todas estas diferencias se repudiaron. Sin embargo, a través de ellas y en parte *debido* a ellas, Dios respondió a la oración de Jesús por la unidad en Juan 17 de una manera poderosa: «… para que sean perfectos en unidad, para que el mundo conozca que tú me enviaste, y que los has amado a ellos como también a mí me has amado» (Juan 17:23). Para estos primeros cristianos, el amor en medio de las diferencias y los desacuerdos revelaba el poder de estar unidos solo en Cristo. Y lo mismo puede decirse de ti y de tu iglesia.

Este libro ha sido escrito para ayudarte a amar a las personas de tu iglesia a las que te cuesta amar debido a tus diferencias con ellas. A veces, las diferencias en la iglesia giran en torno a grandes cuestiones en las que está en juego el evangelio, por ejemplo, si un cristiano puede seguir legítimamente un estilo de vida homosexual, o si Cristo es el único camino hacia Dios. En esos casos, debes luchar por la verdad bíblica, incluso a costa de la unidad. Otras veces, las diferencias no amenazarán el evangelio, pero serán lo suficientemente importantes como para que tú y otros cristianos necesiten separarse e ir a iglesias diferentes, confiando en los propósitos de Dios para esa separación, tal como hicieron Pablo y Bernabé en Hechos 15. Las diferencias históricas sobre el bautismo vienen al caso. Me vienen a la mente diferencias históricas sobre el bautismo. A veces las diferencias con otros miembros o líderes de la iglesia habrán dañado tanto tu confianza en ellos que deberás dejar tu iglesia.

Este libro no trata de ninguna de estas situaciones de separación de la iglesia, aunque son difíciles. En cambio, este libro es para las situaciones en las que decides que puedes permanecer en tu iglesia *a pesar de* las diferencias. Este libro trata sobre cómo construir una unidad hermosa y exaltadora de Cristo cuando decides quedarte y cuando decides amar incluso a los que te vuelven loco. Ten en cuenta, por supuesto, que las personas de tu iglesia que te vuelven loco pueden tener preguntas similares sobre cómo amarte.

Escribo años después de una época de gran agitación en innumerables iglesias, incluida la mía, por cuestiones como la raza, la política y las precauciones ante una pandemia. Muchos cristianos me dicen que están deseando volver al momento en el que la iglesia era menos complicada. Pero estoy escribiendo este libro porque, por una serie de factores (a los que me referiré más adelante), dudo que volvamos a aquellos días en los que la iglesia parecía un paseo de verano. Y si nos importa la gloria de Jesús, eso podría ser bueno.

Olas de conflicto

Para dar un ejemplo de lo que quiero decir, permíteme escribir sobre los dos últimos años de mi iglesia de Washington D. C., a pocas manzanas del Capitolio de los Estados Unidos. La tensión parecía venir en oleadas, y cada nueva ola rompía antes de que la anterior hubiera retrocedido. Tal vez te sientas identificado.

Ola 1: En respuesta a una orden gubernamental relacionada con una pandemia, mi iglesia dejó de reunirse en la primavera de 2020. Luego comenzamos a reunirnos de nuevo, al aire libre, en una jurisdicción vecina, ya que las grandes reuniones religiosas estaban prohibidas en la ciudad. Ninguna de estas decisiones escapó a la controversia dentro de la iglesia.

Ola 2: En junio, la ciudad estalló en protestas tras los asesinatos de varios hombres y mujeres negros desarmados a manos de la policía. Y mi iglesia también estalló. Algunos miembros se manifestaron. Otros se sintieron horrorizados por lo que representaban esas protestas. En ambos bandos, muchos sentían que nuestros líderes eclesiásticos hablaban con demasiada timidez.

Ola 3: En septiembre, mi iglesia votó a favor de presentar una demanda contra la ciudad por la prohibición de que nuestra congregación se reuniera al aire libre (otra vez la ola 1). Algunos miembros de la iglesia no podían creer que fuéramos a recurrir a los tribunales en lugar de simplemente desobedecer la ley. Otros pensaban que una demanda estaba fuera de lugar. Mientras tanto, la ola 2 continuaba.

Ola 4: En noviembre, nuestra nación celebró elecciones presidenciales entre Donald Trump y Joe Biden. Dada nuestra ubicación, estamos acostumbrados a que una vez cada cuatro años se ponga a prueba nuestra unidad en Cristo. La gente todavía habla del día en que el líder de la mayoría del Senado amenazó en los programas matutinos de entrevistas con despojar a un senador recalcitrante de su puesto en el comité, y sin embargo ambos hombres se presentaron juntos en nuestra iglesia, con el sistema de sonido dirigido esa mañana por el ayudante del vicepresidente (del partido político contrario). Tenemos una larga historia de dejar a un lado las diferencias políticas por Cristo. Pero esta vez fue diferente. Las convicciones se agudizaron en múltiples dimensiones. Y la tensión no disminuyó el día de las elecciones, ya que muchos (incluidos algunos miembros de mi iglesia) cuestionaron el resultado oficial, mientras que otros (incluidos algunos miembros de mi iglesia) estaban horrorizados por lo que consideraban un sabotaje social. Incluso la oración pública del presidente electo se convirtió en una declaración política.

Las olas continuaron. En abril de 2021, como resultado de nuestra demanda, negociamos el regreso al edificio de nuestra iglesia. Muchos en la congregación estaban consternados de que esto no hubiera sucedido meses antes, y su dolor era evidente. Otros estaban consternados por lo insensibles que parecían algunos miembros de su propia iglesia ante una pandemia que para entonces había matado a tantas personas, entre ellas algunos de sus seres queridos.

Como uno de sus pastores, velé por este rebaño inquieto durante estos momentos de dolor. Sin embargo, al mantener una conversación tras otra con miembros descontentos de mi iglesia, empecé a ver estos conflictos menos como prueba de fracaso y más como una prueba de fe.

¿Fracaso o fe?

¿Cómo podría todo este desacuerdo ser otra cosa que un fracaso? ¿No se supone que la iglesia debe proporcionar un puerto seguro contra las tormentas de controversia del mundo exterior? Sin duda, mi iglesia fracasó, en muchos sentidos, en la forma en que discrepamos. Pero, al mismo tiempo, puedo describir esta agitación como una prueba de fe, porque casi todas estas personas siguieron amándose a pesar de sus diferencias. Es más, muchas amistades entre supuestos enemigos se enriquecieron mucho más.

Frecuentemente, la existencia de desacuerdos en una iglesia no es señal de que las cosas han ido trágicamente *mal*, sino de que las cosas han ido gloriosamente *bien*. Me doy cuenta de que esto puede sonar ingenuo, pero permíteme explicarlo. Como he señalado antes, una iglesia debe centrarse solo en Cristo. No en Cristo *y* en las opiniones compartidas sobre las decisiones durante una pandemia *y* la mejor manera de afrontar el racismo y las convicciones políticas comunes. Algunos desacuerdos que sacuden nuestro mundo no tienen cabida en la iglesia, porque las Escrituras se pronuncian claramente a favor o en contra. Sin embargo, por muchas diferencias en las que los cristianos pueden discrepar legítimamente, la controversia en la sociedad a menudo se traslada a la iglesia, *si* es que estamos unidos solo en torno a Cristo. Si todos estuviéramos de acuerdo en todos estos asuntos, la iglesia sería mucho más fácil. Pero el amor fácil rara vez muestra el poder del evangelio.

Esto es importante porque las Escrituras enseñan que la unidad en Cristo, a pesar de nuestras diferencias, es una de las principales formas en que Dios quiere mostrar Su bondad y Su gloria. Tomemos Romanos 15 como ejemplo. Después de una larga sección sobre cómo judíos y gentiles pueden vivir juntos en la iglesia local a pesar de sus diferencias, Pablo da esta bendición:

> Pero el Dios de la paciencia y de la consolación os dé entre vosotros un mismo sentir según Cristo Jesús, para que unánimes, a una voz, glorifiquéis al Dios y Padre de nuestro Señor Jesucristo. Por tanto, recibíos los unos a los otros, como también Cristo nos recibió, para gloria de Dios. (vv. 5-7)

Dos veces en este breve pasaje, vemos que Dios recibe gloria a través de la armonía que se produce cuando los cristianos viven *según Cristo*. No es que esto sea fácil; observa que Pablo ora al «Dios de la paciencia y de la consolación». Sin embargo, si esta dificultad hubiera llevado a las primeras iglesias romanas a abandonar la unidad, o a insistir en la uniformidad en lugar de la diversidad judeo-gentil, la oración de Pablo no habría llevado a nada. Las diferencias que amenazan con desgarrar tu iglesia son *oportunidades* para demostrar que tener «un mismo sentir según Cristo Jesús» es todo lo que necesitamos para vivir «unánimes». Así es como glorificamos «al Dios y Padre de nuestro Señor Jesucristo». Si tu iglesia es sobre Jesús *y* la reforma migratoria, le quitas Su gloria. Si tu iglesia trata sobre Jesús *y* la educación en casa, le robas la gloria. Así como Dios recibe mayor gloria a través de la redención que solo a través de la creación, la gloria que recibe en la unidad de tu iglesia es mayor en el desacuerdo y la diferencia que si todos estuvieran en la misma posición.

Pero esto es difícil

Pero vivir esto no es para los débiles de corazón. Si tu iglesia está edificada solo en Cristo, entonces:

- La gente de tu iglesia no «entenderá» los temas que son importantes para ti. «Piensa que, si yo tomara la Biblia en serio, nunca tendría un arma. ¿Puedes creerlo?».
- Los líderes de la iglesia no «entenderán» los temas que son importantes para ti. Los pastores deben tener cuidado al hablar de temas importantes sobre los que los cristianos de la iglesia pueden legítimamente estar en desacuerdo, sin importar sus opiniones. Eso puede hacerte sentir que tu iglesia está fallando en hablar proféticamente. «Este es el mayor momento de reconocimiento racial en una generación, ¡y mi pastor está hablando de lo mismo de siempre!».
- La gente de tu iglesia no te entenderá. Te encontrarás en la iglesia con personas que no tienen tu contexto, opinión y cultura, lo que les permitiría entenderte sin tener que preguntar. «Si una persona más pregunta cómo es tener el pelo como el mío, juro que me voy de aquí».
- Tu iglesia no estará aislada de las controversias de la sociedad. «Pensé que, de todos los lugares, la iglesia sería el único donde nadie sacaría el tema de las elecciones».

Muchos de nosotros nunca hemos afrontado realmente las implicaciones de una iglesia centrada solo en Cristo. Aplaudimos la diversidad en nuestras iglesias y oramos por mayor diversidad, sin contemplar nunca el costo y el desafío que supone que Dios responda a nuestra plegaria.[1]

El consumismo en la iglesia lo hace más difícil

Además, la forma en que a muchos de nosotros se nos ha enseñado a pensar en la iglesia complica aún más las cosas. Piensa por un momento en las preguntas que se hace la gente cuando busca una nueva iglesia. «¿Me gusta su estilo de música?», «¿Encajaría en sus grupos?», «¿Disfrutarán mis hijos del ministerio infantil?», «¿Tienen un ministerio en el que yo pueda servir?». Vemos una iglesia como vemos un coche que vamos a comprar. «¿Se ajusta a mis necesidades?», «¿Me dará problemas?», «¿Me hará quedar bien?». En pocas palabras, nos acercamos a la iglesia como consumidores.

Pero aquí está la clave: si ves a la iglesia como un consumidor, ¿qué harás con los rasgos *poco* consumistas de las iglesias que están llenas de personas que piensan diferente a ti, que no te entienden y que te hacen sentir incómodo? Si eliges una iglesia como si eligieras un auto, ¿qué ocurrirá cuando se haga evidente el costo de la diversidad solo en Cristo? A veces, las iglesias van un paso adelante, diseñando grupos pequeños, servicios religiosos o incluso congregaciones enteras para adaptarse a un tipo de persona, de modo que estas cuestiones rara vez se plantean a sus miembros. Pero eso es uniformidad, no unidad.

Si a esto le añadimos una tendencia muy moderna a querer resolver los problemas en lugar de vivir con ellos (suponiendo que

1 En general, cuando hablo de «diversidad» en este libro, me refiero a mucho más que a la diversidad étnica o racial. Más bien, me refiero a todos los tipos de diferencias que existen en una iglesia, que he resumido en la primera sección de esta introducción, incluida la diversidad étnica y racial.

consideremos estos desacuerdos incómodos como «problemas») y una inclinación general hacia la comodidad, tenemos una receta para una gran insatisfacción con la iglesia. Al menos, con una iglesia centrada solo en Cristo.

Y cada vez es más difícil

Eso no es todo. En el mundo actual, varias tendencias están haciendo que estos retos sean cada vez más difíciles.

Por ejemplo, las redes sociales. A pesar de su potencial para el bien, las redes sociales son un verdadero desafío para la unidad en una iglesia diversa porque nuestras opiniones se vuelven públicas. Piensa en la Iglesia de principios de la década del 2000. Si uno tenía una opinión especialmente controvertida sobre las relaciones raciales, la medicina alternativa o el aburguesamiento, salía a relucir en la iglesia cuando uno quería. Hoy, lo que antes solo salía a la luz en conversaciones privadas, a menudo se vuelve público. ¿Qué pastor *no ha* recibido llamadas de feligreses indignados porque un miembro de la iglesia publica esto o le da «me gusta» a aquello? Además, la economía de las redes sociales tiende hacia lo atrevido, polémico y agudo. Y las redes sociales no solo difunden nuestras opiniones, sino que a menudo las moldean. Incluso pueden dar lugar a que diferentes miembros de la iglesia lleguen a convicciones diferentes porque están viendo diferentes conjuntos de hechos.

Otro factor: en Estados Unidos, las iglesias evangélicas han aumentado su diversidad étnica y racial en las últimas décadas.[2] Por ejemplo, en los últimos veinte años, la proporción de evangélicos

2 Del Estudio nacional de congregaciones de la Universidad de Duke, que se realiza cada cinco u ocho años. Los resultados citados en este párrafo se publicaron en Kevin D.

estadounidenses en iglesias multirraciales se ha duplicado,[3] mientras que la proporción en iglesias completamente blancas o completamente negras se redujo más de la mitad.[4] En 2019, la congregación media era más del doble de diversa en líneas étnicas y raciales de lo que era veinte años antes.[5] Estos datos vienen con una gran cantidad de advertencias, especialmente para aquellos que tomarían el aumento de la diversidad como una garantía de que la tensión étnica y racial ha quedado atrás.[6] Sin embargo, una realidad es clara: los evangélicos estadounidenses (especialmente si son blancos) actualmente son más propensos a convivir en la iglesia con aquellos de otra etnia o raza a diferencia de lo que era hace varias décadas. Con ello aumenta la probabilidad de que encuentren diferencias con otros en la iglesia en relación con los factores y cuestiones que tienden a agruparse por raza y etnia. Esta respuesta a muchas oraciones conlleva muchos retos.

Más allá de estas dos tendencias, parece que a medida que la sociedad se vuelve más secular, los desacuerdos en la iglesia son cada

---

Dougherty, Mark Chaves y Michael O. Emerson, «*Racial Diversity in U.S. Congregations, 1998-2019*», *Journal for the Scientific Study of Religion* 59, nro. 4 (2020): 551-62.

3 El estudio define las «iglesias multirraciales» como congregaciones en las que ningún grupo racial constituye más del 80 % de los participantes de la congregación. En 2018-2019, estas congregaciones representaban el 24 % del total, frente al 13 % en 1998.

4 El estudio informó que no contaba con un número suficiente de congregaciones completamente asiáticas o completamente hispanas en su conjunto de datos para evaluar tendencias similares para estos tipos de congregaciones.

5 Nota que las tres tendencias citadas se han observado en todos los períodos de estudio, incluido el más reciente (2012-2019).

6 Por ejemplo, aunque la diversidad ha aumentado a medida que las minorías raciales se han ido incorporando a las iglesias de mayoría blanca, casi no hay indicios de que esté ocurriendo lo contrario, e incluso cuando las iglesias de mayoría blanca se vuelven más diversas desde el punto de vista racial y étnico, normalmente conservan una mayoría blanca y un liderazgo blanco.

vez más cuestiones de convicción y conciencia, no solo de preferencia. Atrás quedaron las «guerras de culto» de los años noventa. Ahora discrepamos sobre lo que debe decir un cristiano que trabaja para una empresa laica durante la celebración del «mes del orgullo» en su oficina, o sobre si un cristiano puede recomendar un libro de un estudioso de la teoría crítica. Incluso discrepamos sobre si los cristianos pueden legítimamente discrepar en cuestiones como estas. La cuestión ya no es «¿*Quiero* ir a una iglesia que tiene un grupo de alabanza?», sino «¿Me *permitirá* mi conciencia ir a la iglesia con personas que añaden pronombres de género a sus firmas de correo electrónico?». ¿Qué concesiones son adaptaciones legítimas a una cultura cambiante y cuáles forman una línea infranqueable? Como escribió en 2021 un destacado sociólogo de la Universidad de Illinois: «Llevo 30 años estudiando la religión y las congregaciones religiosas. Este es un nivel de conflicto que nunca había visto».[7] Con la moral en retroceso como una marea menguante en la cultura en general, los cristianos no se ponen de acuerdo sobre a qué aferrarse. Quizá esta tendencia sea el costo de mantenerse fieles a las Escrituras en un mundo cada vez más secularizado.

Una cuarta tendencia, prevalente al menos en Estados Unidos, es la disminución de la tolerancia en el discurso social hacia cualquier desviación de la ortodoxia política establecida. Nadie diría que la política es pacífica. Y actualmente no es la peor polarización política que hemos visto (no olvidemos la Guerra Civil estadounidense). Pero muchos comentaristas sociales señalan que

7 Francis Wilkinson, *«America's Churches Are Now Polarized, Too»*, *Bloomberg Quint*, 21 de febrero de 2021, https://www.bloomberg.com/opinion/articles/2021-02-21/after-trump-america-s-churches-are-more-polarized-than-ever.

la polarización es más estridente en las últimas generaciones, tanto si hablamos de la «cultura de la cancelación» de la izquierda como de la preocupación de la derecha por identificar a los «verdaderos» conservadores. El psicólogo social Jonathan Haidt ha situado 2009 como punto de inflexión en este sentido. Desde entonces, afirma, se ha vuelto «más peligroso ser visto confraternizando con el enemigo o incluso no atacar al enemigo con suficiente vigor».[8] Para un amplio subgrupo de la población, cuestionar cualquier postura política individual se ha convertido en un desafío a toda la visión del mundo, incluso en la iglesia. Así, las posturas sobre cuestiones como el control de armas o los desagravios por la esclavitud, que hace unos años se habrían considerado desacuerdos legítimos entre cristianos, ahora se consideran fuera de los límites de la comunión cristiana. Como ha escrito el erudito evangélico Os Guinness: «Solo hay un paso corto y fácil desde "Este es el camino cristiano" a "Solo hay un camino cristiano", a "Todo lo que difiera de este camino no es cristiano" y a "Todos los que difieren de mi camino no son cristianos"».[9] Sin duda, la polarización social se ha abierto camino en la Iglesia de Cristo.

Todo esto vuelve a la iglesia difícil, y cada vez más. Es difícil porque nos han vendido una visión consumista de la Iglesia cuando, en realidad, la Iglesia es sacrificio. Es difícil porque nuestras diferencias están cada vez más a la vista, y son cada vez más profundas. Es difícil porque algunas personas de nuestras iglesias llevan nuestro amor al

8 Jonathan Haidt, *«Why the Past 10 Years of American Life Have Been Uniquely Stupid»*, *The Atlantic*, abril de 2022.

9 Os Guinness, *Fit Bodies Fat Minds: Why Evangelicals Don't Think and What to Do about It* (Grand Rapids, MI: Baker, 1994), 144-45.

límite. Cuando hablamos de la Iglesia como «familia», pensamos en tranquilos juegos de mesa junto a la chimenea. Pero a veces la «familia» de la Iglesia se parece más a una discusión a gritos.

Luchar o huir

¿Qué ocurre como consecuencia en nuestras iglesias? Con frecuencia recurrimos a nuestros instintos naturales: luchar o huir. Luchamos, enfrentando al débil pastor que se está vendiendo a la agenda de [inserte aquí la causa odiosa]. A veces ese instinto es bueno, cuando el evangelio realmente está en juego. Pero a veces lo único que conseguimos son las «contiendas» y «disensiones» que Pablo condena como «obras de la carne» en Gálatas 5:19-21. El pastor Kevin DeYoung expresa bien este peligro: «Puede ser que tu pastor esté tratando cobardemente de contentar a todos. Eso no funcionará. Pero puede ser que esté tratando de pastorear sabiamente un rebaño diverso de una manera que ayude a las ovejas a centrarse en Cristo y en Su crucifixión».[10]

Por otra parte, a veces renunciamos a la idea de una iglesia centrada solo en Cristo y huimos a otra donde no encontramos tanta diferencia, o no llegamos a ninguna iglesia.[11] A veces el instinto de huir también es bueno, cuando necesitamos irnos si queremos

10 Kevin DeYoung, *«What Are We Arguing About?»*, DeYoung, *Restless, and Reformed* (blog), Coalición por el evangelio, 10 de septiembre de 2020, https://www.thegospelcoalition.org/.

11 Según el estudio anual *«Cooperative Election Study»* de la Universidad de Harvard, 2016-2020 marcó el primer período desde que comenzó el estudio en el que la mayoría de los autonombrados cristianos evangélicos en los Estados Unidos no asistían normalmente a un servicio religioso semanal, una tendencia que estaba en marcha mucho antes de la pandemia del COVID-19.

seguir creciendo en Cristo. Pero con frecuencia estamos simplemente cambiando la gloria de la diversidad por la comodidad de la similitud.

En cualquier caso, tanto si nos equivocamos en la lucha como si nos equivocamos en la huida, la gente sale perjudicada, los pastores renuncian, los cristianos abandonan la iglesia, el poder del evangelio sigue sin demostrarse y Cristo es deshonrado.

El camino a seguir

Entonces, ¿qué debemos hacer? ¿Cómo podemos seguir amando a «esas» personas en nuestras iglesias que nos vuelven locos? ¿Debemos evitarlas? ¿Las enfrentamos? ¿Luchamos? ¿Huimos?

En resumen, debemos *amarlas*. Y para entender cómo, empecemos con unas famosas palabras de Jesús: «Porque si amáis a los que os aman, ¿qué mérito tenéis? Porque también los pecadores aman a los que los aman. Y si hacéis bien a los que os hacen bien, ¿qué mérito tenéis? Porque también los pecadores hacen lo mismo [...]. Amad, pues, a vuestros enemigos [...]; y será vuestro galardón grande, y seréis hijos del Altísimo; porque él es benigno para con los ingratos y malos. Sed, pues, misericordiosos, como también vuestro Padre es misericordioso» (Luc. 6:32-36).[12] Aunque «esas» personas de tu iglesia no son tus enemigos —alabado sea Dios porque son uno en Cristo—, ciertamente se sitúan en el extremo «más difícil»

12 Jesús no se limita a decirnos que amemos a un grupo de personas, nuestros enemigos. Está definiendo toda una ética del amor al señalar su extremo (amar incluso a nuestros enemigos) para mostrar que el amor fácil no es el amor que da testimonio del poder de Dios. Para más información sobre la idea de que Jesús utiliza el mandamiento de amar a los enemigos para definir una ética del amor, lee los primeros caps. de *Love in Hard Places,* de D. A. Carson (Wheaton, IL: Crossway, 2002).

del espectro que plantea Jesús. Ámalos, dice Jesús, porque Dios te recompensará cuando lo hagas. Y ámalos para que tu misericordia refleje y muestre la misericordia de Dios, que ama a los enemigos, como un hijo refleja a su padre.

Según Jesús, es *este* extremo del espectro —el amor difícil— el que más importa. Así como un pequeño juego de pesas apenas muestra la fuerza del fisicoculturista, el amor en tu iglesia que es natural y sin esfuerzo apenas muestra la gloria del evangelio que Dios ha obrado en tu corazón. El amor difícil es el antídoto contra la hipocresía en la iglesia; revela quién sigue realmente a Jesús y quién solo está de paso (1 Jn. 3:16-18). Por supuesto, aunque la unidad en medio de la diferencia puede ser costosa para nosotros, fue infinitamente más costosa para Cristo. Piensa que el que pronunció estas palabras en Lucas 6 sabía que la misericordia que proclamaba le costaría la vida. Tú y yo éramos «ingratos y malos». Sin embargo, se deleitó en mostrarnos las riquezas de Su misericordia. ¿No es ese el Salvador que queremos proclamar? Solo porque Su cuerpo colgó de una cruz podemos ser miembros de Su cuerpo. Y Su sacrificio fue lo suficientemente costoso como para pagar el precio de la unidad de tu iglesia, sin importar tus diferencias. Como tal, estoy convencido de que en algún lugar de este mandato de Jesús está el elixir de la vida para tu iglesia y para la mía.

Pero, ¿cómo podemos amar así exactamente?

El resto de este libro

Permíteme ofrecer un mapa para saber a dónde nos dirigimos. La mayor parte de este libro examina algunos pasajes cerca del final de la carta de Pablo a los romanos, donde Pablo explica y amplía la ética de Jesús de «amar a tus enemigos» de Lucas 6.[13] En Romanos 12, 14 y 15, Pablo se dirige a un grupo de iglesias en Roma que, aunque unidas en Cristo, estaban divididas por diferencias culturales y de convicciones.[14] El resultado es un plan inspirado en el evangelio para construir amistades genuinas, afectuosas y que glorifiquen a Dios con las personas de la iglesia que te vuelven loco.

Sin embargo, Pablo no se limita a darnos una lista de órdenes. Más bien, detrás de los mandamientos describe una serie de perspectivas que arrojan una luz diferente sobre las relaciones en la iglesia. Estamos acostumbrados a que nuestras perspectivas se ajusten a las experiencias de nuestros seres queridos. Por ejemplo, sentirás más empatía por los que luchan contra una enfermedad mental cuando tu mejor amiga se encuentra en esa situación. Las perspectivas que nos ofrece Pablo hacen lo mismo, pero a un nivel más profundo y teológico. Como tal, cada capítulo de este libro examina una verdad diferente que ofrece una nueva perspectiva sobre aquellos en la iglesia

13 Aunque la amplitud de estos caps. de Romanos va ciertamente más allá de los mandatos de Luc. 6, los estudiosos han observado muchos vínculos temáticos entre estas dos secciones de las Escrituras. Sobre todo, teniendo en cuenta que Lucas fue compañero de viaje de Pablo, cabe preguntarse cuánto material de origen común o conexión puede haber habido en la redacción de estos dos libros de la Biblia, siendo Romanos el que probablemente se escribió primero.

14 ¿Por qué nos saltaremos Rom. 13? Porque el cap. 13 es en realidad un paréntesis, un excurso en medio de la enseñanza de Pablo sobre el amor. Al profundizar en el tema del amor, Pablo nos anima al final del cap. 12: «No os venguéis vosotros mismos, amados míos, sino dejad lugar a la ira de Dios» (12:19). Esto plantea la cuestión de si debemos buscar alguna vez la justicia terrenal. Rom. 13 es la respuesta de Pablo: el gobierno terrenal ha sido instituido por Dios para perseguir la justicia terrenal. A continuación, en los vv. finales del cap. 13, Pablo vuelve a su tema principal del amor en la Iglesia, que continúa a lo largo del cap. 14 y el comienzo del cap. 15.

que luchas por amar. Mi oración es que, con cada nuevo ángulo, la arrogancia y la complacencia en tu corazón se desvanezcan progresivamente, invirtiendo tu amor con renovado poder, persistencia y gozo. En Efesios 4:3, Pablo nos dice que estemos «solícitos en guardar la unidad del Espíritu en el vínculo de la paz». Puedes considerar estos capítulos como una guía para mantener la unidad que Dios ha dado a tu iglesia, y cómo hacerlo con entusiasmo.

Una suposición crítica

Por supuesto, la frase «la unidad *del Espíritu*» es importante. Si en tu congregación hay muchas personas que no tienen el Espíritu de Dios porque no han nacido de nuevo, este libro probablemente será más frustrante que útil. Este es un libro sobre la búsqueda de la unidad en Cristo, pero da por sentado que los que te vuelven loco en tu iglesia están *en Cristo*; es decir, personas que se han apartado de su pecado para seguir a Cristo, confiando solo en Él para la salvación, y que han recibido el don sobrenatural de Dios de nacer de nuevo (Juan 3:3-5).

Esto no es lo mismo que decir que todos los presentes en el servicio dominical son cristianos; yo esperaría que hubiera docenas o incluso cientos de incrédulos conscientes de sí mismos que asisten a tu iglesia porque quieren escuchar el evangelio. Pero *estoy* suponiendo que los miembros de tu iglesia pueden dar una profesión de fe creíble de modo que, aunque solo Dios puede saber quién es verdaderamente nacido de nuevo, hay una buena razón para creer que efectivamente son, al menos en gran parte, nacidos de nuevo.[15]

15 Para algunas iglesias, lo que estoy describiendo es lo que nuestros antepasados teológicos denominaron «membresía regenerada de la iglesia». Para las iglesias que practican el bautismo de niños, lo que tengo en mente es una membresía regenerada en comunión. En

Si tu iglesia *no* está unida en Cristo, entonces este libro es prematuro. Oro para que veas este cambio con el tiempo a medida que el verdadero evangelio es predicado y creído. Pero tratar de implementar los principios de este libro en una iglesia llena de no cristianos solo resultará en frustración y confusión.

¿Por qué tantas diferencias?

Por otro lado, el amor mutuo en una iglesia compuesta por cristianos —a pesar de sus diferencias— es un hermoso testimonio del poder del evangelio. Aquí es donde se centrará el resto de este libro. Sin embargo, antes debemos realizar un importante trabajo preliminar. Frecuentemente nos inclinamos a pensar que todo el debate y el desacuerdo en una iglesia es una distracción de su misión. «Si todos pudiéramos llevarnos bien, entonces podríamos volver a lo que se supone que hace nuestra iglesia». Sin embargo, como vemos en Lucas 6, y más tarde en Romanos, todo este desacuerdo y debate no es una distracción en absoluto. Es el centro del escenario para la *principal* misión de tu iglesia: mostrar la bondad y la gloria del Dios Altísimo.

Pero este mensaje sonará hueco si, como muchos evangélicos, hemos reducido el propósito de la Iglesia a las cosas que hace, como la comunidad, las misiones y la evangelización. Si la Iglesia es importante solo por lo que *hace*, entonces tendremos poca paciencia para

---

este párrafo utilizo la frase «en gran parte nacidos de nuevo» porque en ninguna iglesia podemos estar plenamente seguros de que cada miembro es cristiano. Jesús nos advirtió de nuestra tendencia humana al autoengaño (Mat. 7:22-23); por eso Jesús nos dio la herramienta de la disciplina eclesiástica (Mat. 18:15-20). Para obtener más información sobre este tema, consulta los caps. 1–2 en *The Compelling Community* de Mark Dever y Jamie Dunlop (Wheaton, IL: Crossway, 2015).

todas las diferencias y desacuerdos que he descrito. Por otro lado, una vez que descubrimos la verdadera vocación de Dios para una iglesia, ser un despliegue de Su gloria (que abarca las cosas que hace y mucho más), entonces las motivaciones que nos dan las Escrituras cobran vida. Es a ese tema —el propósito de tu iglesia— al que nos dirigimos ahora.

Preguntas para la reflexión y la discusión

1. ¿A qué tipo de personas de tu iglesia te cuesta amar (por ejemplo, personas que no entienden tu contexto cultural, personas que piensan diferente en política, personas cuya personalidad choca con la tuya, etc.)?

2. ¿De qué manera has visto que las diferencias entre los miembros de tu iglesia se han acentuado en los últimos años?

3. Vuelve a leer Romanos 15:5-7. En tu iglesia, ¿qué tipo de unidad glorifica a Dios?

Motivos de oración

- Ora para que aumente tu deseo de amar a aquellos en tu iglesia que te resultan difíciles.
- Ora para que tus compañeros de iglesia aprecien la unidad que honra a Dios en tu iglesia.
- Ora para que los líderes de tu iglesia puedan discernir con precisión qué divisiones en tu congregación amenazan la unidad evangélica.

1

¿Por qué puso Dios personas difíciles en mi iglesia?

Verdad 1: La insistencia en la unidad muestra la gloria de Dios

Pero el Dios de la paciencia y de la consolación os dé entre vosotros un mismo sentir según Cristo Jesús, para que unánimes, a una voz, glorifiquéis al Dios y Padre de nuestro Señor Jesucristo.

ROMANOS 15:5-6

Cuando la unidad cuesta demasiado

La iglesia Trinity tenía problemas. Y sus problemas surgían de lo que hasta hace poco parecía ser su gran fortaleza. Como muchas congregaciones urbanas, la iglesia había ido decayendo durante años hasta que solo quedaron los viejos incondicionales. Entonces, los jóvenes empezaron a mudarse al vecindario, y muchos de ellos acudían a

Trinity. La nueva congregación multigeneracional estaba encantada con su diversidad.

Hasta ahora. A medida que los jóvenes recién llegados pasaban de ser una minoría bienvenida a una nueva mayoría, Trinity se despertaba a un nuevo nivel de desacuerdo. La vieja guardia, que se había enorgullecido de integrar a los miembros más jóvenes en el liderazgo, empezaba a resentir la dirección que los nuevos líderes estaban tomando. Los más jóvenes consideraban que los mayores tardaban en adaptarse a los cambios del vecindario. Las reuniones de presupuesto eran difíciles, ya que los miembros más nuevos querían más ministerio familiar y los más veteranos recuperar el compromiso histórico de la iglesia con la labor internacional. El pastor era regañado a menudo por los miembros mayores y los más jóvenes por la aplicación de un sermón que parecía dirigido a las necesidades del otro grupo. Elegir cantos era un acto arriesgado.

Por mucho que todos odiaran admitirlo, Trinity estaba dividida. Es más, la división estaba ahogando la misión. El equipo que durante años había trabajado como voluntario en el albergue local para personas sin hogar se disolvió, quejándose de que los voluntarios más jóvenes querían centrarse en la recuperación de adicciones. Un grupo de miembros jóvenes de la iglesia informó a los ancianos que no contribuirían más al fondo de misiones hasta que se reevaluara a los misioneros más antiguos. Las donaciones al fondo general se redujeron casi un tercio, lo que reflejaba la frustración de los miembros, jóvenes y mayores.

«Esto es ridículo», exclamó frustrado el pastor. «¿Cómo es posible que hayamos pasado de servir juntos y felices a una pelea vergonzosa? Después de todo, ¿por qué estamos aquí? ¿Misiones? Bueno, está claro que eso está sufriendo. ¿La evangelización? ¿Quién quiere venir a una iglesia como esta? ¿Crecimiento espiritual? Toda esta división nos está frenando». Desesperado, propuso una solución al equipo directivo. «Miren», dijo, «hemos estado ahorrando para construir un santuario más grande. ¿Y si utilizamos ese dinero para comprar otro edificio y nos dividimos en dos iglesias? Después de todo, eso es en lo que realmente nos hemos convertido. Entonces podremos dedicar nuestro tiempo a servir a Jesús en lugar de pelear».

¿Cuál es el propósito de una iglesia?

¿Qué opinas al respecto? ¿Es la solución del pastor un sabio reconocimiento de la realidad? ¿O un desafortunado retroceso? Eso depende de cómo respondas a su pregunta: «¿Por qué estamos aquí?». Supongo que si se le preguntara a un miembro de Trinity cuál es el propósito de su iglesia, obtendríamos una de dos respuestas (o ambas). Una respuesta tiene que ver con lo que la iglesia Trinity puede hacer por *Dios*. Cosas como las misiones internacionales, la plantación de iglesias, el ministerio de la misericordia, etc. La otra respuesta tiene que ver con lo que la iglesia hace por *ellos*. Cosas como construir comunidad, ayudarles a crecer en la fe, enseñar a sus hijos sobre Jesús y proporcionarles oportunidades para servir. Pero, como estaba descubriendo Trinity, la insistencia en la unidad, dadas todas sus diferencias, estaba confundiendo ambos objetivos. A primera vista, parece que este pastor ha dado en el clavo. Como Pablo y Bernabé, tal vez deberían seguir caminos separados para dejar de pelear, trabajar duro por Jesús y resolver el resto en el cielo.

¿Iglesias diseñadas para explotar?

Sin embargo, sostengo que esta mentalidad va en contra de las prioridades del Nuevo Testamento para la Iglesia. Esto es lo que quiero decir. Imagina que eres un cristiano del primer siglo en Roma. Sabiendo que el judío y el gentil no se mezclan, como el aceite y el agua, tendrías una iglesia para judíos y otra para gentiles. Una estrategia para llegar a los judíos y otra para los gentiles. Al menos, eso es lo que tiene sentido para mí. Pero como las Escrituras dejan claro, el plan de Dios para estas iglesias era que sean judío-gentiles desde el principio, con toda la falta de comunicación, desconfianza y malentendidos que sin duda se produjeron. Era una combinación explosiva.

De hecho, las iglesias del Nuevo Testamento se construyeron a menudo con materiales combustibles. La primera iglesia, descubrimos en Hechos 6, era a la vez hebrea *y* helenista, judíos de diferentes culturas, famosos por su animosidad mutua.[1] La iglesia de Colosas era a la vez esclava *y* libre. En la iglesia de Corinto había quienes comían carne sacrificada a los ídolos *y* quienes pensaban que eso era pecado. Las iglesias a las que escribió Santiago eran ricas *y* pobres. Diferencias de cultura, diferencias de conciencia, diferencias de clase. ¡Material explosivo!

Apuesto a que tu iglesia también es un polvorín. Puede que tus divisiones no sean generacionales como las de Trinity, pero seguro que hay líneas divisorias que atraviesan tu congregación. Piensa en todos los posibles desacuerdos: cómo aplicar la enseñanza bíblica sobre el género, qué música cantar, cómo dirigir el ministerio infantil, cómo navegar por un mundo enamorado de la agenda LGBTQ. Por no mencionar más desacuerdos teológicos. Por no hablar de los desacuerdos ordinarios y corrientes de la iglesia, como a qué

1 K. C. Hanson y Douglas E. Oakman, *Palestine in the Time of Jesus: Social Structures and Social Conflicts* (Minneapolis: Augsburg Fortress, 1998), 149.

dar prioridad en el presupuesto y qué color poner en las paredes. Y eso son solo desacuerdos. ¿Qué hay de las diferencias culturales, de personalidad, de estrato social y, seguramente, de tres o cuatro categorías que te vienen inmediatamente a la mente y que no he mencionado? Al igual que las iglesias del Nuevo Testamento, la insistencia en la unidad en medio de la diferencia significa que los explosivos están preparados, el interruptor está en gatillo y los fuegos artificiales están listos. ¿Por qué no convertirse simplemente en dos (o más) iglesias más felices, más productivas y más homogéneas?

Desafiando la visión utilitarista de la iglesia

Para responder a esto, volvamos a la pregunta que se hacía el pastor de Trinity: «¿Por qué estamos aquí?». O, dicho con más precisión: «¿Cuál es el propósito de una iglesia local?». Sugerí dos respuestas: hacer cosas para Dios o hacer cosas para nosotros. Aunque ambas respuestas son ciertas, son incompletas. ¿Por qué? En parte, porque ninguna de las dos puede explicar el claro entusiasmo del Nuevo Testamento por las iglesias que encuentran la unidad en medio de grandes diferencias. Si queremos tener paciencia y entusiasmo para amar a aquellos en nuestras iglesias que nos vuelven locos, debemos encontrar en las Escrituras una declaración más profunda del propósito de la Iglesia.

Para empezar, observa que las dos respuestas que di a la pregunta «¿Por qué estamos aquí?» son más bien de naturaleza utilitaria. Se centran en lo que produce una iglesia. Valoran la iglesia en función de lo que produce para nosotros (comunidad, enseñanza, etc.) o para *Dios* y para los *demás* (misiones internacionales, ministerio de misericordia, etc.). Sin embargo, como explicaré en unos párrafos, el propósito de Dios para una iglesia no se encuentra solo en su *utilidad* sino en su *belleza*. No simplemente en la *producción* sino en el *reflejo*; es decir, en reflejar quién es Dios como una muestra de Su gloria. Si podemos recuperar la prioridad bíblica de la iglesia local como reflejo de la gloria de Dios —y más allá de eso, el placer y el poder de reflejar Su gloria— recuperaremos un nuevo aprecio, paciencia, perspectiva e incluso entusiasmo por el amor que es difícil. Para mostrar esto a partir de las Escrituras, permíteme hacer un breve recorrido por la idea de un «bello reflejo», desde el Edén hasta Israel, desde Jesús hasta la Iglesia.

Bello reflejo: Comienza la historia

Esta historia comienza en Génesis 1, cuando «… creó Dios al hombre a su imagen, a imagen de Dios lo creó; varón y hembra los creó» (Gén. 1:27). El propósito de los seres humanos está arraigado en nuestra condición única de creados a Su imagen. Nuestra naturaleza es la descripción de nuestro trabajo: reflejar la gloria de quién es Dios, igual que tu imagen en el espejo refleja quién eres tú. Una vez creada la humanidad, Dios la «bendijo» (Gén. 1:28). Cuando Dios «bendice» en Génesis, ya sea a los animales (1:22), el sábado (2:3) o a Noé (9:1), está explicando cómo se cumplirán Sus propósitos para cada aspecto de la creación.[2] He aquí nuestra bendición: «Fructificad y multiplicaos; llenad la tierra, y sojuzgadla, y señoread en los peces del mar, en las aves de los cielos, y en todas las bestias que se mueven sobre la tierra» (Gén. 1:28). Juntando estas piezas:

2 Respecto de la bendición de Dios a Abraham, Peter Gentry y Stephen Wellum señalan: «Las bendiciones son la manifestación de una lealtad, fidelidad y solidaridad en las relaciones por las que la capacidad natural y personal de uno para cumplir la intención y el propósito de Dios avanza y se promueve». *Kingdom through Covenant* (Wheaton, IL: Crossway, 2012), 278.

reflejaremos quién es Dios (Gén. 1:27) al gobernar la creación de Dios como Sus representantes y al llenar la tierra con una sociedad de aquellos hechos a Su imagen (Gén. 1:28).

¿Ves la relación entre hacer cosas para Dios y reflejar quién es Dios? Estamos hechos a Su imagen, y el propósito de nuestra vida es anunciar lo bueno y asombroso que es Él (Gén. 1:27). *Vivimos eso* a través de nuestro trabajo y nuestro amor, a través de nuestro gobierno y nuestras relaciones, como se describe en Génesis 1:28. Como tal, te pareces menos a una máquina, diseñada para hacer cosas para Dios, y más a un hermoso cuadro, creado para mostrar Su gloria.

Después de todo, Dios no nos creó porque necesitara que hiciéramos cosas para Él. Él gobernaba la tierra perfectamente antes de que llegáramos. En Su genio creativo, estaba llenando la tierra perfectamente. En cambio, Su principal propósito para ti y para mí es mostrar la gloria de lo que Él es. La producción está al servicio del reflejo.

Cuando buscamos el significado de las cosas que hacemos (producción) en ausencia de lo que esas acciones dicen sobre Dios (reflejo), nos metemos en problemas. Considera, por ejemplo, cómo los ídolos de nuestro mundo corresponden tan bien con los mandamientos de Dios en Génesis 1:28. La idolatría del poder (ya sea tu trabajo o tu dinero) encuentra sentido para la vida en el mandamiento de Dios de ejercer el dominio. La idolatría del amor encuentra sentido en las relaciones, algo muy integral al mandato de Dios de fructificar y llenar la tierra. No es de extrañar, pues, que en Génesis 3 Dios maldiga precisamente estas cosas —el ejercicio del dominio (3:17), las relaciones y la fecundidad (3:16)— para que nunca tengamos éxito en nuestra búsqueda de un propósito en lo que hacemos, divorciado de nuestro propósito más profundo de reflejar la gloria de nuestro Creador.

La historia continúa: De Israel a la nueva creación

Avancemos más allá del relato de la creación. A través de los patriarcas, Dios crea una nación entera y, una vez más, Su propósito para ellos es reflejar. Podemos resumir las leyes y reglamentos que llenan los primeros libros de la Biblia en una frase: «seréis santos, porque yo soy santo» (Lev. 11:44). Es más, la reflexión debía ser evangelizadora, señalando a los pueblos la gloria del Dios de Israel (Deut. 4:6-7). Pero eso no fue lo que hizo el Israel del Antiguo Testamento. En lugar de eso, adoraban ídolos. Más concretamente: Astoret, la diosa de la fertilidad (idolatrando la fecundidad), y Baal, el dios de la tormenta y la lluvia, y por tanto de las buenas cosechas, que gobernaba el panteón divino (idolatrando el trabajo y el gobierno).[3] Como nosotros, idolatraban Génesis 1:28 (gobernar y llenar), y lo separaban de Génesis 1:27 (hecho a imagen de Dios). En lugar de llevar una vida de adoración como aquellos hechos a imagen de Dios, Israel adoró imágenes de lo que Dios había maldecido.

De hecho, el uso de la palabra *imagen* nos lleva a un punto importante. En los primeros nueve capítulos de Génesis, *imagen* es un concepto positivo. «Dios creó al hombre a Su imagen y semejanza». Pero desde Génesis 10 hasta Malaquías, la palabra adquiere una connotación universalmente negativa, describiendo las imágenes esculpidas que la gente adora en lugar de Dios. Resulta sorprendente que un término tan fundamental en los primeros capítulos del Antiguo

3 Mark S. Smith, *The Early History of God: Yahweh and the Other Deities in Ancient Israel* (Grand Rapids, MI: Eerdmens, 2002), 68.

Testamento no vuelva a utilizarse en sentido positivo. Es como si el Antiguo Testamento suplicara al Nuevo.

Por supuesto, al entrar en el Nuevo Testamento, la *imagen* vuelve a ser un término positivo. Pero, ¿a quién se refiere ahora? «La gloria de Cristo, el cual es la imagen de Dios» (2 Cor. 4:4). «Él es la imagen del Dios invisible, el primogénito de toda creación» (Col. 1:15). Una forma significativa en la que Cristo triunfó donde Adán fracasó es que Él, finalmente, es la imagen perfecta de Dios.[4] Como dice Jesús a Felipe en Juan 14:9: «El que me ha visto a mí, ha visto al Padre».

Sin embargo, esta historia de reflexión no termina con Jesús. Jesús vino a salvar para sí a un pueblo que Dios «predestinó para que fuesen hechos conformes a la imagen de su Hijo, para que él sea el primogénito entre muchos hermanos» (Rom. 8:29). Como hombres y mujeres que están siendo recreados en Cristo, reflejamos la gloria de Dios no solo individualmente, sino comunitariamente. Jesús dijo que nuestro amor «los unos con los otros» es lo que nos distingue como discípulos suyos (Juan 13:35). Más allá de eso, el amor a pesar de las diferencias es una declaración particularmente poderosa sobre el valor de Cristo. De ahí la repetida imagen de Pablo de la Iglesia como cuerpo de Cristo, que lo representa en una multiplicidad de orígenes (Ef. 4:16; 1 Cor. 12:13) y dones (Rom. 12:5-6; 1 Cor. 12:27-28). Pablo escribe que la unidad entre judíos y gentiles muestra Su sabiduría incluso a los seres celestiales (Ef. 3:8,10). Y dice a los colosenses que se relacionen entre sí con amor: «y revestido del nuevo, el cual conforme a la imagen del que lo creó se va renovando hasta el conocimiento pleno, donde no hay griego ni

4 Observa que Cristo es algo más que un Adán perfecto. Mientras que Adán y Eva fueron hechos «a imagen» de Dios, Cristo *es* la imagen de Dios.

judío, circuncisión ni incircuncisión, bárbaro ni escita, siervo ni libre, sino que Cristo es el todo, y en todos» (Col. 3:10-11). El amor en medio de la diferencia era un aspecto clave de cómo estos cristianos representarían la imagen de Dios.

Cuando una iglesia, con todas sus diferencias, se une en torno a Jesús, refleja la sabiduría, el poder y la gloria de Dios mucho más allá de lo que podemos hacer como individuos. Como escribió un pastor del siglo XIX: «La Iglesia es el espejo que refleja todo el resplandor del carácter divino. Es el gran escenario en el que las perfecciones de Jehová se muestran al universo».[5]

¿Dónde termina esta historia? Con el reflejo y el Reflejado uniéndose. En Apocalipsis 21:10-11, contemplamos a la esposa del Cordero, la Iglesia, que es «la gran ciudad santa de Jerusalén, que descendía del cielo, de Dios, teniendo la gloria de Dios». ¿Qué significa que esta ciudad *tiene* la gloria de Dios? ¿Se trata de un reflejo, en el que la gloria de la ciudad muestra la gloria de Dios? ¿O es el reflejado, Dios, quien habita allí? (Apoc. 21:3). Ahora que la fe se ha convertido en vista, es ambas cosas. Los reyes de la tierra traen la gloria de las naciones a la ciudad (Apoc. 21:24), y la gloria de Dios mismo es Su luz (Apoc. 21:23). A lo largo de la historia de la humanidad, el nombre de Dios ha sido manchado, Su bondad calumniada, Su justicia burlada. Como reflejo de Su gloria, nuestras vidas como pueblo de Dios han argumentado la verdad sobre Él, aunque imperfectamente, tanto como individuos como en conjunto. Ahora, por fin, en Apocalipsis 21, la belleza y la gloria de Aquel a quien nuestras vidas han señalado son inconfundibles.

5 Charles Bridges, *The Christian Ministry, with an Inquiry into the Causes of Its Inefficiency* (Edimburgo: Banner of Truth Trust, 2005), 1.

Resumamos. Tu propósito como ser creado, tu propósito como ser re-creado, y el propósito de tu iglesia como comunidad de seres re-creados son todos uno y el mismo: reflejar la gloria y la bondad de tu Creador. Como he dicho antes, eres menos una máquina, diseñada para hacer cosas para Dios, y más un hermoso cuadro, creado para reflejar Su gloria. Las cosas buenas que tú y tu iglesia hacen son simplemente los colores de esa pintura, los medios hacia un fin mayor de reflejar Su bondad y Su gloria. Esta verdad tiene tres implicaciones para cualquier iglesia que, como Trinity, lucha con la diferencia y el desacuerdo.

Implicación 1: La prioridad del bello reflejo

En la medida en que hayamos situado el objetivo principal de una iglesia en lo que produce, ya sea para nosotros o para Dios, esta historia sobre el reflejo debería aclarar nuestra forma de pensar. Nos recuerda que hacer cosas buenas es importante sobre todo porque así mostramos la gloria de nuestro Dios. Una vez más, la producción está al servicio del reflejo.[6]

Mi propia iglesia luchó con esto durante la pandemia de COVID-19. Con todo cerrado, la gente estaba frustrada porque el aislamiento estaba impidiendo el discipulado, las misiones y la evangelización, y estaban frustrados porque tanta atención era consumida

6 Considera la enseñanza de Pablo en Ef. 2:9-10. Fuimos salvados por medio de la fe, no como resultado de las obras (2:9). ¿Por qué? «Porque somos hechura suya, creados en Cristo Jesús para buenas obras, las cuales Dios preparó de antemano para que anduviésemos en ellas» (2:10). La principal «obra» que se contempla en estos vv. no es la nuestra, sino la de Dios. Él nos salvó para que pudiéramos hacer buenas obras para mostrar Su hechura, la nueva creación que ha forjado en nuestros corazones. Tu buen trabajo importa porque muestra el buen trabajo de Dios.

por las conversaciones difíciles que estábamos teniendo como iglesia. Yo también estaba frustrado. Pero tuve que recordarme a mí mismo que el deleite de Dios no está en lo mucho que producimos para Él, sino en cómo lo reflejamos. A veces, el solo hecho de *ser* la Iglesia da mucha gloria a Dios —por lo que la unidad en medio de desacuerdos y diferencias proclama respecto a Su suficiencia—, incluso cuando las cosas que esperamos conseguir parecen estancadas.

Piensa en las personas de tu iglesia a las que te resulta difícil amar. Sería fácil ignorarlas y evitarlas, e incluso racionalizarlo. «No quiero crear problemas ni ser una distracción». Pero lo que cambia por completo tu forma de pensar es darte cuenta de que el propósito *principal* de tu iglesia es reflejar la gloria de Dios a través de la unidad. Esa comprensión hace que la gente pase de ser un obstáculo a ser un tesoro.

Por ejemplo, imaginemos a Raquel, una cristiana judía de Éfeso en el siglo I que está harta de Sofía, su hermana gentil en Cristo. Raquel ve a Sofía como una completa ignorante de la antigua tradición judía, que no tiene ni idea de lo difícil que es para los judíos invitar a los gentiles a ser miembros de la familia. «¡Entrando en la iglesia como si fuera la dueña del lugar!». No solo eso, sino que Sofía se siente libre de comprar cualquier cosa que encuentre en el mercado de carne sin pensar a qué ídolo podría haber sido sacrificado.

Pero Raquel ha estado leyendo la carta de Pablo. Sabe que sus sentimientos de resentimiento están equivocados. Así que, a pesar de la lucha en su corazón, resiste la tentación de evitar a Sofía, e insiste en amarla. «Dios dice que somos una sola familia de fe, ¡y voy a vivir así, aunque eso me fastidie!» (ver Ef. 2:19). Imagínate que lo que al principio empieza de forma incómoda acaba convirtiéndose en una verdadera amistad. Cuando Pablo escribe en Efesios 3:10 que incluso los gobernantes y las autoridades de los reinos celestiales ven con asombro a la iglesia de Éfeso, está pensando en personas como Raquel y Sofía. Esta dificultad, esta lucha llena de fe por amar, no es una distracción del trabajo «real» del ministerio; ¡es el evento principal! Más allá de eso, es el camino hacia el gozo, lo que nos lleva a una segunda implicación de la historia bíblica del bello reflejo.

Implicación 2: El gozo del bello reflejo

No mucho antes de escribir este libro, una mujer llamada Tabita se bautizó en mi iglesia. Había llegado a creer en el evangelio cristiano viendo debates religiosos con su padre ateo. Cuanto más los veía, más se daba cuenta de que estaba de acuerdo con los cristianos. Sin embargo, esta constatación la llenaba de temor. Pensó que era una verdad terriblemente inconveniente. «Seguramente esto destruirá mi vida». Pero entonces encontró una iglesia. «Cuando llegué, fue como entrar en un mundo de ensueño. Pasé de reconocer a Dios a regañadientes a gozarme en Él». En retrospectiva, piensa que realmente llegó a la fe cuando descubrió este gozo.

Del mismo modo, para que Dios sea glorificado en nuestras iglesias, debemos creer que el bello reflejo de una iglesia llena de diferencias no es solo importante, está lleno de gozo. Aunque al principio solo lo percibamos por fe.

¿De dónde viene este gozo? Viene de cuando vemos a Jesús en nuestras relaciones con los demás, como hizo Tabita. Probablemente lo hayas experimentado. Miras alrededor a los diferentes miembros del grupo de tu iglesia y piensas: «¡Esto es una locura! De ninguna manera seríamos amigos si no fuera por Jesús, ¡y qué amistad tenemos!». Ese es el gozo del bello reflejo. El lento movimiento de la obediencia desde la categoría del «debería» a la categoría del «gozo» glorifica al Dios al que servimos como bueno en todo lo que hace. Esa es una de las razones por las que el término que utilizo en este capítulo no es *reflejo*, sino *bello reflejo*, porque nuestro objetivo en la Iglesia es reflejar a un Salvador que es hermoso, que deseamos y que nos satisface.

El gozo del reflejo también se produce cuando nosotros participamos en él. Supongamos que tienes la oportunidad de ayudar a reconciliar a dos hermanos de tu iglesia que han estado enfrentados. Varios meses después, los ves de reojo, disfrutando de su compañía. ¡Qué emoción! Es más, tu gozo por haber contribuido a su reconciliación es una sombra del gozo de Dios como gran pacificador. Es como si fueras un niño pequeño, saltando de una huella de tu padre a otra en la playa, imitando a Dios y descubriendo el gozo que debe ser para Dios ser Dios. Eso es lo que convierte el reflejo en adoración. A medida que imitas a Dios en tu amor por tu iglesia, el gozo que sientes revela nuevas dimensiones del gozo que Dios nos da en realidad.

El matrimonio ofrece una excelente ilustración de cómo debería funcionar todo esto. ¿Es el propósito del matrimonio criar a los hijos y proporcionar compañía? Lo es… pero definir su finalidad únicamente en términos de lo que produce no es lo más importante. Para el cumpleaños número cuarenta de mi esposa, la sorprendí con boletos para ver el musical *Hamilton* en Broadway. Sin que yo lo supiera, llevaba tiempo deseando ir, pero creía que no debía pedírmelo porque le parecía demasiado extravagante. Su reacción, en palabras de mi hija: «¡Mami, lloraste!». Fue el regalo perfecto, e hizo que mi mujer se sintiera maravillosamente conocida, apreciada y querida.

¿Mereció la pena el costo de este regalo? Por supuesto. ¿Por qué? ¿Simplemente porque nos ayuda a conseguir más cosas en nuestro matrimonio? ¡Claro que no! El valor del regalo es cómo nos ayuda a reflejar mejor el amor de Cristo por nosotros, que Pablo dice en Efesios 5 es el punto principal de nuestro matrimonio. Mi esposa experimenta lo seguro y agradable que es seguir a alguien que la ama, lo que nos da a ambos una mejor comprensión del privilegio que tenemos al seguir a Cristo. Yo experimento la alegría de entregarme por el bien y la felicidad de ella, lo que nos ayuda a comprender mejor la alegría de Jesús al entregarse por nosotros (Heb. 12:2). Reducir el matrimonio a sus resultados es burdo y despreciativo. Valorar el modo en que refleja el amor de Cristo sin *deleitarse* en ese reflejo no sirve de nada. Del mismo modo, Dios se siente honrado cuando nuestras iglesias se gozan en reflejar Su perfección a través de nuestra vida en común. Y como vimos en Lucas 6 hace unas páginas, es el amor por aquellos a los que no amaríamos de forma natural lo que hace que sea una muestra especialmente encantadora y poderosa, lo que nos lleva a una tercera implicación.

Implicación 3: El poder del bello reflejo

Recuerda aquellas iglesias del Nuevo Testamento que parecían destinadas a explotar. Y explotaron. Pero no por la división. Explotaron por la fuerza de su testimonio evangélico. La fe de los romanos dio la vuelta al mundo (Rom. 1:8), y la iglesia judeo-gentil de Éfeso glorificó la sabiduría de Dios incluso *fuera* de este mundo (Ef. 3:10).

El bello reflejo es magnífico en su poder. En las iglesias del Nuevo Testamento se hacía realidad la oración de Jesús en Juan 17:21:

«para que todos sean uno; como tú, oh Padre, en mí, y yo en ti, que también ellos sean uno en nosotros; para que el mundo crea que tú me enviaste». El reflejo («para que todos sean uno; como tú, oh Padre, en mí, y yo en ti») alimenta la producción («para que el mundo crea»). No hay una disyuntiva entre la belleza de una iglesia que refleja a Jesús, por un lado, y el bien que se hace al proclamar a Jesús, por otro. ¿Cuántos cristianos del primer siglo iniciaron su camino hacia la fe a través del poderoso testimonio de unidad entre judíos cristianos y gentiles cristianos?

Ponte los lentes de fe

Con todo esto en mente, volvamos al dilema de Trinity. ¿Tienen razón al dividirse en dos iglesias? Es difícil decirlo. Cualquiera que sea la respuesta correcta, está claro que están usando el criterio equivocado para tomar su decisión. Están evaluando el éxito del ministerio basándose en lo que pueden lograr juntos, en lugar de su capacidad para representar a Cristo, como un hermoso y polifacético reflejo de Su gloria. Si la iglesia local puede ser evaluada en términos de sus resultados (números, bautismos, nuevas iglesias, misioneros enviados, etc.), entonces tendremos poca paciencia para todos los desacuerdos que nos distraerían de la «misión». Por eso, si queremos amar, debemos recuperar la misión primordial de la iglesia como un bello reflejo.

Después de todo, ¿qué vida dará más gloria a Dios: la del brillante autor cristiano amado por millones de personas? ¿O su versión de Evodia y Síntique (Fil. 4:2) que, en la fe, deben luchar por la amistad? En la economía de Dios, ¿cómo podemos saberlo? Sin embargo, si es nuestra *fe* la que complace a Dios (Heb. 11:6), sospecho que nos sorprendería saber cuánta de la gloria que vemos en el cielo proviene de luchadores llenos de fe como estas dos mujeres de Filipos. ¿Qué capítulos de la vida de tu iglesia darán más gloria a Dios: los tiempos de asombrosa productividad o los tiempos en los que se necesitaba una fe extrema solo para permanecer juntos, mostrando el poder de Cristo en acción? ¿Quiénes somos nosotros para decirlo? Sin embargo, existe un fuerte impulso en todos nosotros de descartar las luchas como una distracción desafortunada, cuando en realidad pueden ser los momentos en los que la supremacía de Cristo fue proclamada con más fuerza por tu iglesia.

Es como ver una película en 3D (tres dimensiones). Sin lentes, la imagen es borrosa. Pero si te pones los lentes, aparece una dimensión totalmente nueva. El bello reflejo de una iglesia es como unos lentes que revelan la dimensión de la fe de una congregación. Sí, en la superficie todo lo que vemos es disensión, desacuerdo y agitación. Pero si nos ponemos esos lentes, de repente podemos ver la fe, que refleja la gloria, el valor y la belleza de Dios. Me parece interesante que cuando Pablo comienza su carta a los romanos —cuyas iglesias estaban llenas de diferencias potencialmente explosivas— se maravilla de su *fe* (Rom. 1:8). Pablo llevaba puestos sus lentes de fe. Y lo mismo debemos hacer nosotros.

Recuperar el propósito, el gozo y el poder de la Iglesia como bello reflejo de Jesús nos ayuda a ver por qué debemos perseverar en el amor. Pero, ¿cómo podemos hacerlo? ¿Qué herramientas evangélicas nos da Jesús? Ese es el tema de las páginas restantes de este libro, mientras hacemos inventario de todo lo que Cristo nos ha proporcionado en los últimos capítulos de la carta de Pablo a los romanos.

Preguntas para la reflexión y la discusión

1. ¿Qué es lo que falla cuando los cristianos conciben el propósito de una iglesia meramente en términos del ministerio que produce?

2. En tus propias palabras, traza la historia del bello reflejo desde Génesis a Israel, a Jesús y a la iglesia.

3. ¿Cuál de las tres implicaciones de esta historia del bello reflejo (prioridad, gozo, poder) te resulta más interesante?

Motivos de oración

- Ora para que tus objetivos para tu iglesia reflejen cada vez más los objetivos de Dios para tu iglesia.
- Ora para que tu congregación sea un bello reflejo de Dios y de Su gloria.
- Ora para que los líderes de tu iglesia sean pacientes y mantengan la esperanza durante las temporadas en que tu iglesia sea menos productiva de lo que esperen.

2

¿Cómo puedo amar a «esas» personas?

Verdad 2: El amor imposible viene de una misericordia imposible

Así que, hermanos, os ruego por las misericordias de Dios, que presentéis vuestros cuerpos en sacrificio vivo, santo, agradable a Dios, que es vuestro culto racional.

ROMANOS 12:1

¡Simplemente no puedo!

«¡No puedo hacerlo!». «¡No quiero hacerlo!». «¡No puedes obligarme!».

¿Son esas las palabras de un niño quejumbroso… o de mi corazón mientras considero amar a los que me vuelven loco en la iglesia? «Por supuesto que no seré malo, pero sinceramente preferiría evitarlo. Ni siquiera entablar una conversación con él. Mucho menos entablar una *amistad* con él». ¿Te has sentido así alguna vez? ¿Dónde puedes encontrar la fuerza, la generosidad y la calidez para amar a «esas personas» de tu iglesia?

Quizá, como muchos, hayas encontrado inspiración en la historia de Corrie ten Boom, que sobrevivió al campo de concentración de Ravensbrück durante la Segunda Guerra Mundial. En *El refugio secreto,* Corrie relata un famoso episodio ocurrido después de la guerra, cuando daba un discurso en una iglesia de Múnich. Un hombre se acercó a estrecharle la mano, maravillado por el perdón de Jesús que acababa de describir. Ella lo reconoció: era su antiguo carcelero.

«Su mano se extendió para estrechar la mía. Y yo, que había predicado tantas veces a la gente... la necesidad de perdonar, mantuve mi mano a un lado. Aun cuando en mí hervían pensamientos de ira y venganza, vi su pecado. Jesucristo había muerto por este hombre; ¿iba yo a pedir más?... Exhalé una oración silenciosa. "Jesús, no puedo perdonarlo. Dame tu perdón"». Y tomó la mano del hombre.

«Entonces esta calidez sanadora pareció inundar todo mi ser, haciendo que se me llenaran los ojos de lágrimas. "¡Te perdono, hermano! —grité—. Con todo mi corazón"». Durante un largo momento nos tomamos de la mano, el exguardia y la exprisionera. Nunca había sentido el amor de Dios tan intensamente como entonces».[1]

Por supuesto, se podría decir, ella es la súper heroína cristiana Corrie ten Boom. «¿De verdad se puede esperar que yo haga lo mismo? ¿No puedo evitar a esas personas y hacer como si no existieran?».

¿Qué puedes hacer cuando te sientes así? Ten en cuenta que la norma de Dios para el amor en tu iglesia no es simplemente que te

1 Corrie ten Boom, *The Hiding Place* (Bloomington, MN: Chosen Books, 2006), 247-48.

abstengas de decir cosas malas a «esas personas». No es simplemente que los toleres. Según Romanos 12:10, la norma de Dios es el *afecto fraternal* (al que nos referiremos más adelante en este libro). ¿Cómo puedes hacer eso?

«Pero eso es imposible», ese es el punto

Recuerda que Dios, a menudo, pide a Su pueblo lo imposible. En Éxodo 13–14, Dios sacó a Su pueblo de la esclavitud en Egipto y lo condujo a una situación imposible. Estaban atrapados entre el Mar Rojo y el ejército que los perseguía. Sin embargo, Dios los condujo a través del mar. Me encanta cómo lo expresó Isaías, cientos de años después:

> Así dice Jehová, el que abre camino en el mar, y senda en las aguas impetuosas. (Isa. 43:16)

En otras palabras, no se trata simplemente de algo que Dios hizo en otro tiempo. Abrir un camino en el mar es Su sello distintivo. Jesús le dice al hombre con la mano seca que la extienda (Mat. 12:13). «Pero eso es imposible». Al paralítico le dice que se levante y camine (Juan 5:8). «Pero eso es imposible». Le dice al muerto que se levante (Juan 11:43). «Pero eso es imposible». Las órdenes de Jesús son más que instrucciones: son poder. A Su orden, la mano seca se extiende. El paralítico camina. El muerto se levanta.

Lo mismo ocurre con la vida en tu iglesia. El amor fácil rara vez muestra el poder del evangelio. Pero el amor que va más allá de lo posible es un escenario preparado para mostrar la gloria de Dios.

Los límites del «debería»

«De acuerdo», dices. «¡Estoy convencido! Me encanta esta idea de la iglesia como bello reflejo. Voy a entablar amistad con personas de mi iglesia que son diferentes a mí, con las que a menudo discrepamos y no tenemos mucho en común además de Jesús. Y juntos vamos a mostrar el poder del evangelio». Esa determinación es un buen comienzo, pero si eso es lo más lejos que llegas, estás buscando problemas. Antes de ir más lejos, deberíamos atajar una ruta potencialmente dañina para la obediencia.

En la amistad, los verdaderos motivos se hacen evidentes con el tiempo. «¿Me quieres de verdad? ¿O amas *cómo luce* amarme?». Eso puede parecer simbolismo, no amistad. Y muchos de los hermanos y hermanas de tu iglesia que están acostumbrados a sentirse diferentes del resto han aprendido por las malas que a veces se los valora principalmente porque hacen que la iglesia luzca mejor. Podría tratarse de personas que son diferentes de la mayoría de la iglesia por su color de piel, clase social, edad, inclinaciones políticas, etcétera. Debo tener cuidado en este punto. No quiero presentar el amor orientado a la obediencia como algo erróneo. El «deber» es una razón totalmente válida para amar en tu iglesia (Juan 14:15; 15:12). El «deber» puede ser un buen punto de partida para el amor, pero el «deber» no puede ser la máxima extensión de tus objetivos de amor. Si amas simplemente porque *debes* amar, entonces tu amor puede parecer algo menos que amor. Y ese amor pierde su brillo cuando sale a la luz su verdadera motivación.

¿Cómo podemos pasar de evitar a «esas personas», a tolerarlas, a amarlas porque «debemos», a amarlas con afecto como si fueran familia?

Valora la misericordia de Dios

La respuesta es la misericordia. El camino del «deber» al «querer» comienza con la misericordia de Dios. Eso es lo que vemos en Romanos 12:1: «Así que, hermanos, os ruego por las misericordias de Dios, que presentéis vuestros cuerpos en sacrificio vivo, santo, agradable a Dios, que es vuestro culto racional». Con este versículo, Pablo inicia uno de los discursos más largos de las Escrituras sobre el amor. Pero no nos precipitemos en sus imperativos y pasemos por alto lo que hace posible ese amor.

«Por las misericordias de Dios». En Romanos 1–11, las misericordias de Dios han reconciliado al judío y al gentil con Dios mediante la fe en Cristo y, como resultado, entre sí. Luego, en Romanos 12, aprendemos los aspectos prácticos de esta unión. Es como si Pablo dijera: «¡Felicidades! Son una gran familia feliz (Rom. 1–11). Ahora vamos a ver cómo va a funcionar esto (Rom. 12–15)». Específicamente, el amor que él describirá en estos capítulos es un amor impulsado por la misericordia.

¿Qué es la misericordia? La misericordia es Dios rescatándonos de las consecuencias de nuestro pecado. Esa es una de las razones por las que debemos resistir la tentación de minimizar o ignorar nuestro pecado. A menudo consideramos las bendiciones inmerecidas que hemos recibido como cristianos (la adopción como hijos suyos, la herencia del cielo, el don del Espíritu y muchas más). Pero para muchos, estamos menos acostumbrados a considerar el castigo que Jesús tomó por nosotros. Sin embargo, si no comprendemos las consecuencias del pecado que deberíamos haber soportado, no apreciaremos la riqueza de la misericordia de Dios en Cristo, y nuestro amor será débil.

Recuerdo cuando me di cuenta de esto. Había hablado sobre un conocido de la iglesia, compartiendo su información privada con un grupo de personas. Como es lógico, él se sintió avergonzado cuando descubrió lo que yo había hecho, y se enfadó conmigo por burlarme de algo tan delicado. Se enfrentó a mí, me disculpé y confesé a Dios. Normalmente habría dejado las cosas ahí y habría seguido adelante. Pero esta vez decidí tomarme en serio las palabras de Pablo. Miré fijamente el pecado de mi corazón. Vi que lo que parecía un pequeño pecado era en realidad bastante significativo. Había abusado descuidada y egoístamente de la confianza de este hombre, llamando la atención de otros a su costa. No solo eso, sino que mi pecado contra Jesús era aún mayor. La única razón por la que tenía esta información en primer lugar era porque este hombre era mi hermano en Cristo, y yo había abusado del regalo de Cristo de esta relación. Cuando prioricé unas risas por encima de la dignidad de este hombre, estaba devaluando a Cristo, la fuente de su dignidad. Cuanto más seguía mi pecado hasta lo más profundo de mi corazón, peor parecía, y más veía que este pecado era principalmente contra Cristo (Sal. 51:4). Lejos del «pequeño pecado» que había descartado inicialmente, era un lío grande y desagradable.

Entonces comenzó el maravilloso viaje hacia las alturas de la misericordia de Dios. Dios ya lo sabía. Lo sabía todo cuando, en Su misericordia, envió a Jesús a morir en mi lugar para recibir el castigo que yo merecía. Me dio una nueva vida, sabiendo que a veces la usaría para difamar a aquellos por los que Él había muerto. *Tanto* me amó. Y en esas profundidades inexploradas de la misericordia de Dios, descubrí un nuevo grado de amor por Dios. Todo el proceso duró unos cinco o diez minutos. Desde entonces, nunca he considerado la confesión de los pecados como un deber. Está llena de oportunidades para contemplar la misericordia de Dios en todo Su poder lleno de amor.

Hermano o hermana, si vas a amar a los «desagradables» en tu iglesia, debes empezar a comprender lo poco digno de ser amado que eras *tú* cuando Cristo decidió poner Su amor en ti, y lo poco digno de amor que sigues siendo hoy, incluso cuando estás seguro de Su amor. En la medida en que minimizas tu pecado, o le pones excusas, o decides no pensar en él, socavas el poder de Dios en tu vida. Por otra parte, cuando *realmente* comprendas la asombrosa verdad de la misericordia de Dios, todo cambiará. En particular, cambiará tu capacidad de amar, que es donde Pablo nos lleva a continuación.

Responde con amor sacrificial

Las iglesias de Roma estaban formadas por judíos y gentiles, antiguos enemigos preparados para la discordia, pero reconciliados en Cristo. Pablo les ordena que presenten sus cuerpos (en plural) como sacrificio vivo (en singular). No muchos sacrificios individuales, no dos sacrificios (uno judío, otro gentil), sino uno. Y como deja claro el resto de Romanos 12, el sacrificio que Pablo tiene en mente es un sacrificio de amor (ver Rom. 12:9) y, especialmente, de amor por aquellos a los que, de otro modo, tendrían dificultades para amar (ver Rom. 12:16; 14:1).

¿De qué manera exactamente la misericordia potencia el amor sacrificial? Digamos que te enfrentas a una relación difícil en la iglesia. Tal vez una persona es irritante, o claramente no te aprecia, o parece engreída y arrogante, o tiene opiniones que te desagradan. No tienes por qué estar de acuerdo con ella. Pero sabes que debes amarla. Y como en el caso de Corrie ten Boom, el amor ha huido de tu corazón, a pesar de las protestas de tu mala conciencia. ¿Qué puedes hacer? Empieza por confesar este mismo pecado, el pecado de no amar, como hizo Corrie. Aparta tu mente de esa persona difícil y confiesa la aversión de tu corazón como lo que es: *pecado*, por humillante que eso pueda ser. Considera lo repulsivo que es tu pecado para Dios. Considera la misericordia que has recibido incluso por este mismo pecado, que en Cristo eres perdonado, ¡y a qué precio! A medida que el conocimiento de la misericordia se convierte en gratitud, y la gratitud en amor a Dios, recuerda que Dios te ha llamado a amar a esa persona.

Hay un dicho en mi casa que es tan común, que mis hijos me han amenazado con tallarlo en mi lápida (lo cual tal vez hagan): *Cuando tienes un problema de actitud, significa que tienes un problema de gratitud.* Habiendo perdido de vista la misericordia de Dios, tu corazón es deficiente en gratitud, y por lo tanto tu amor es deficiente en poder. No es de extrañar que dos versículos más adelante, Pablo nos advierta contra el orgullo (Rom. 12:3). El orgullo nos ciega a nuestro pecado, que nos ciega a la misericordia de Dios, que debilita nuestro amor.

¿Y te has fijado en cómo describe Pablo este amor sacrificado en Romanos 12:1? «Vuestro culto racional». Para los que estamos acostumbrados a pensar en el «culto» solo en términos de adoración, esta frase parece fuera de lugar. Sin embargo, es esta palabra *culto* la que pone de relieve la enseñanza de Pablo. El culto es la respuesta correcta de los seres creados a la gloria de lo que Dios es, una respuesta que puede venir en canto, en palabra o en acción (la acción es a lo que Pablo se refiere aquí). El amor en la iglesia es adoración porque es un hermoso reflejo de Aquel que mostró misericordia.

Todo lo que Pablo ordenará en los capítulos siguientes es una respuesta digna de culto a la gloria de la misericordia de Dios.

Esto significa que, en esta sección de las Escrituras, Pablo no nos avergüenza («Dios te ha amado tanto, que seguro que puedes amar a los demás»). Sus mandamientos tampoco son transaccionales («Si los amas, Dios te amará»). Por el contrario, Pablo nos enseña a canalizar correctamente el poder de Dios que hemos recibido como objetos de Su misericordia. Cuanto más entiendas la misericordia de Dios, más preparado estará tu corazón para amar.[2]

La misericordia cambia el corazón

Permíteme compartir una historia para ilustrar cómo funciona esto. Cuando Sipho y su mujer entraron por la puerta de una iglesia de su nuevo vecindario, fue como si se sintieran transportados a otro planeta. Ambos habían crecido en iglesias sionistas de habla zulú en Sudáfrica. Pero con el traslado laboral de Sipho a Australia, visitaban esta iglesia presbiteriana por primera vez y «todo nuestro zulunismo salió por la ventana». En casa, la ropa que uno llevaba a la iglesia era tan importante que la familia de Sipho empezaba a preparar su uniforme eclesiástico el viernes por la tarde. Aquí, incluso el pastor iba vestido con pantalones cortos y sandalias, y todo era tan informal que resultaba ofensivo. En casa, la idea de *planificar* el culto dominical

2 Nada de esto significa que podamos simplemente mover un interruptor y empezar de repente a amar con fuerza divina. A este respecto, debemos tener presente la advertencia en Rom. 15:14-16 con la que Pablo cierra esta sección de las Escrituras que acabamos de empezar a explorar. Allí asegura a los cristianos romanos que no les ha dicho nada nuevo, sino que ha escrito a modo de recordatorio (15:15). Así que debemos considerar las enseñanzas de Pablo en estos caps. no como una fórmula mágica («12 pasos hacia el amor genuino») sino, como he dicho antes, como un conjunto de perspectivas, para que podamos ver las relaciones difíciles desde un ángulo diferente, bajo una luz evangélica distinta. Con el tiempo, estas perspectivas diferentes nos cambiarán.

parecía una imposición al Espíritu Santo, y los servicios a veces se prolongaban durante todo el día. Aquí, los servicios comenzaban puntualmente a las 10:30 y terminaban al mediodía. En casa, la cultura zulú era familiar. Aquí, Sipho y su familia estaban solos en un mar de rostros blancos curiosos. ¿Podrían estar más alejados, en el espectro eclesiológico, el sionista zulú y el presbiteriano australiano? Había una parte de Sipho que quería huir y no volver jamás. Tal vez congregarse en una iglesia podría esperar hasta que estuvieran a salvo en casa.

Sin embargo, en medio de todo este malestar, una cosa cautivó la atención de Sipho aquella mañana. Era la misericordia de Dios. En lugar del conocido mensaje sionista de ganarse el amor de Dios a través de la obediencia, este pastor enseñaba que Jesús había cumplido los requisitos de la ley de Dios *por nosotros*. Para Sipho, esa misericordia era revolucionaria.

Y esta misericordia hizo que Sipho volviera. A medida que seguía aprendiendo todo lo que Dios había hecho por él en Cristo, su corazón se acercaba a un Dios que siempre le había parecido más un severo capataz que un padre afectuoso. Eso lo hizo querer amar mejor a Dios; lo hizo querer amar mejor al pueblo de Dios, incluso a esta congregación que era tan extraña, y a cuyos ojos él era tan extraño. Más allá de eso, seguía volviendo porque quería conocer mejor la misericordia de Cristo. Y era en esta iglesia desconocida donde veía claramente a Cristo por primera vez. La iglesia era incómoda, sin duda. Pero Cristo era mejor que la comodidad.

Cristo es mejor que la comodidad

En algún momento, todos debemos darnos cuenta de esto en nuestras iglesias: Cristo es mejor que la comodidad. Algunos, como

Sipho, deben creerlo para entrar por la puerta. Otros se dan cuenta poco a poco. Pero si quieres amar a una iglesia como Cristo te llama a hacerlo, debes creer que Cristo es mejor que la comodidad. De hecho, me cuesta pensar en una frase que resuma de forma más precisa y positiva cómo la misericordia de Dios nos permite abrazar el amor sacrificado en la iglesia. Podrías pensar en «Cristo es mejor que la comodidad» como un lema inspirado en Romanos 12:1 para recordarte cómo amar cuando el amor se vuelve difícil.

- «*Cristo es mejor…*». A medida que descubrimos Su misericordia, descubriremos el valor superlativo de Cristo.
- «*… que la comodidad*». A medida que descubrimos el valor superlativo de Cristo, lo seguiremos a través del sacrificio.

Tal vez en parte porque había intentado ganarse el favor de Dios durante tanto tiempo, la abundancia gratuita de la misericordia de Dios fue especialmente rica para Sipho. Como resultado, amó entrañablemente a Cristo. Y aunque esta iglesia donde vio a Cristo le resultaba incómoda, la misericordia de Cristo lo atrajo y lo impulsó al amor.

Por la bondad de Dios, el amor de Sipho no quedó sin respuesta, porque la gente de su nueva iglesia también lo amaba por el poder de la misericordia de Cristo. Fuera de la iglesia, se sentía como una curiosidad de museo, y la gente lo interrumpía para tocarle el pelo y preguntarle cómo era ser negro. Dentro de esta iglesia —a pesar de la incomodidad— empezaba a sentirse como en familia. La gente deseaba sinceramente su amistad. Hablaban con franqueza de sus luchas por crecer en Cristo, «haciendo que la Biblia cobrara vida para mí». Fue en esta iglesia donde, por primera vez en su vida,

Sipho encontró realmente a Jesús. Y fue en esta iglesia —esta iglesia que a primera vista parecía tan extraña y diferente— donde Sipho encontró una comunión afectuosa como nunca había experimentado.

Nunca sugeriría que la carga de adaptarse a una iglesia incómoda recayera únicamente en una persona como Sipho. Sin embargo, lo que él creía era poderoso: Cristo *es* mejor que la comodidad. Mucho mejor. Antes de convertirte en cristiano, hacías lo que te pedía tu naturaleza amante de la comodidad. Pero una vez que experimentas Su misericordia y te vuelves cristiano, recibes una nueva naturaleza, una que ama a Cristo más que la comodidad. Eso significa que mientras algunas amistades en la iglesia son amistades que probablemente disfrutarías incluso si no fueras cristiano, otras no son naturalmente cómodas en absoluto. Pero puedes formar amistades cálidas y afectuosas apoyándote en tu nueva naturaleza de amor de Cristo, porque es a Él a quien compartes con esas personas.

El problema es que la mayoría de nosotros no somos muy buenos en este tipo de amistad, razón por la cual luchamos por estar en la iglesia con «esas personas». De todas las dificultades que tocaré en este libro, puede que sea aquí donde nuestros instintos consumistas nos hagan más daño. Si queremos recorrer el camino que he mencionado antes, de evitar, a tolerar, al amor obligatorio, a la amistad genuina, tendremos que ser como Sipho. Como él, debemos comprender de verdad la misericordia que Dios nos ha mostrado. Y como él, debemos buscar a Cristo en nuestras amistades de la iglesia, apostando a que Cristo es más valioso que la comodidad.

Un camino al gozo sobrenatural

¿Te das cuenta de que esto es mucho más duradero y satisfactorio que un amor en el que simplemente amas a los difíciles de tu iglesia porque debes amarlos? «Cristo es mejor que la comodidad» es el camino hacia el gozo real y sobrenatural en la amistad, porque, contraintuitivamente, las relaciones en la iglesia con aquellos con los que tienes poco en común tienen el potencial de ser tus amistades más profundas. Después de todo, por poner un ejemplo, ¿cuál es mejor base para la amistad: compartir el amor por el fútbol o compartir el amor por Cristo? Si construyes una amistad sobre el amor al fútbol *y* el amor a Cristo, seguro que hablarás de Jesús… y mucho de fútbol. Si construyes una amistad en la que solo compartes a Jesús, ¿de qué hablarás? De Jesús, por supuesto. Y Jesús es muy superior a cualquier otra cosa como fundamento de la amistad. Esta amistad «solo en Cristo» tardará más tiempo en desarrollarse, y requerirá más caridad y paciencia. Pero será una mina de oro de alegría para ti y de gloria para Dios.

En la medida en que vayas a lo seguro e inviertas solo en amistades de la iglesia con las que tienes mucho en común, no estarás poniendo a prueba aquello de que «Cristo es mejor que la comodidad». Y te estás privando del verdadero gozo. Especialmente al principio, Sipho tuvo que creer que Cristo es mejor que la comodidad solo para poder cruzar las puertas de su iglesia. Pero considera a los que encajan de forma más natural. Podrían estar en una iglesia durante años, haciendo amigos a los que es fácil querer, sintiéndose incluidos y parte del grupo, pero sin darse cuenta de que un no cristiano podría tener una experiencia muy similar. Lo que les gusta de la iglesia, lo maravillosamente cómoda que es, ¡es una *amenaza* espiritual! El verdadero gozo en la vida cristiana viene cuando amamos de maneras que solo son posibles gracias al Espíritu, y el amor cómodo rara vez lo hace.

Afectos maduros

Pocos somos como Sipho. Eso es especialmente cierto de personas como yo, que encajan con bastante naturalidad en sus iglesias. Nuestros músculos de «elegir a Cristo por encima de la comodidad» son débiles y están poco desarrollados porque no estamos acostumbrados a canalizar la misericordia de Dios en amor sacrificado. Tendremos que fortalecer esos músculos si queremos construir amistades genuinas en las que no coincidamos en muchas cosas, salvo en la gloria de Jesús. ¿Qué hacemos al respecto? En Romanos 12, Pablo nos ofrece un camino a seguir. Podría decirse que es una clase de entrenamiento espiritual para aumentar nuestra capacidad de *deleitarnos* eligiendo a Cristo por encima de la comodidad. Esta clase comenzó en Romanos 12:1, donde vimos que el poder del amor sacrificial se encuentra en la misericordia de Dios. Continuará en el versículo 2, donde descubrimos una motivación clave para tal amor: la reputación de Jesús.

Preguntas para la reflexión y la discusión

1. ¿De qué manera te ha enseñado Dios la profundidad de Su misericordia hacia ti?

2. ¿Cómo puedes crecer más en tu aprecio por la misericordia de Dios?

3. ¿Cómo puede enriquecer tu actitud hacia la iglesia la idea de que Cristo es mejor que la comodidad?

Motivos de oración

- Ora para que comprendas cada vez mejor la misericordia que Dios te ha mostrado.
- Ora para que tu congregación actúe como si Cristo valiera más que la comodidad.
- Ora para que los líderes de tu iglesia sean hábiles en mostrar a la congregación cuán glorioso es Jesús en realidad.

3

¿Y si no *quiero* amarlos?

Verdad 3: La desunión en la iglesia miente sobre Jesús

No os conforméis a este siglo, sino transformaos por medio de la renovación de vuestro entendimiento, para que comprobéis cuál sea la buena voluntad de Dios, agradable y perfecta.

ROMANOS 12:2

¿Sin columna vertebral en el púlpito?

Julio y María estaban pasando un mal momento en la iglesia. Las protestas contra diversas injusticias sociales estaban surgiendo por toda la ciudad, y casi todos los días leían mensajes entusiastas de otros miembros de la iglesia en las redes sociales. Algunos incluso pedían a los líderes de la iglesia que se pronunciaran a favor de las marchas, lo que les parecía una crítica disimulada a su pastor por no decir nada más. Julio y María pensaban lo contrario. «¿No creen que él apoya *lo suficiente*?», preguntó Julio con incredulidad. «¡Como si tuviera que apoyar algo! Te diré lo que ese hombre necesita. Necesita un poco de coraje. Necesita condenar esto como el movimiento anticristiano que es. La justicia social está muy bien, pero *esto* solo va a pervertir la justicia. ¿Cuándo se atreverá nuestro pastor a decir la verdad?».

Julio decidió enviar un correo a su pastor. Era un correo firme, pero amable y solidario. María le ayudó a escribirlo. Y el pastor era un hombre razonable. Sin duda estaría de acuerdo con las preocupaciones de Julio.

Pero, para consternación de Julio, el correo no pareció convencer al pastor. Le dio las gracias por comprometerse con él. Le dijo que amaba su preocupación y la de María por la verdad, y que por eso predicaba la Biblia semana tras semana. Sin embargo, también le explicó su obligación como pastor de proteger la unidad de la iglesia y la reputación de Cristo, lo que significaba proteger la libertad de los cristianos para discrepar en asuntos como estos.

«Un momento», respondió Julio por correo. «Quieres mantenerte al margen de la polémica y limitarte a predicar la Biblia. Pero predicar significa aplicar las Escrituras a lo que sucede a nuestro alrededor. No se puede predicar la Biblia *sin* oponerse a estas protestas». Después de todo, estos miembros de la iglesia estaban llevando a la gente por mal camino. Incluso estaban dividiendo a la iglesia. ¿Por qué su pastor no podía ver eso?

Personas difíciles de amar

Lo difícil de desacuerdos como este es que tocan temas importantes, pero poco claros. Las cuestiones de justicia son importantes. No podemos archivarlos en una carpeta como «moralmente relativos».

Sin embargo, la Biblia no siempre ofrece una postura clara que todos los cristianos deban compartir.

Más allá de eso, estar en desacuerdo con otros cristianos en asuntos importantes, pero poco claros, puede hacer que sea difícil amarlos. Si somos sinceros, a veces podemos percibir a estas personas como enemigos. Después de todo, ¿no es eso lo que es un enemigo? ¿Alguien cuyo sentido de la justicia se opone directamente al tuyo?

Piensa en Simón el Zelote, que presumiblemente quería liberar Palestina del dominio romano. En Juan 13, escucha a Jesús junto a Mateo, que cobraba impuestos para Roma. ¿Te preguntas si estos dos discípulos tuvieron alguna vez problemas para quererse? La ocupación romana de la antigua Palestina puede no parecernos gran cosa, pero para ellos sí lo era. ¿Qué abusos habían sufrido Simón y su familia a manos de los soldados romanos? ¿O de recaudadores de impuestos romanos como Mateo? ¿Y qué es lo que oye que Jesús les dice? «En esto conocerán todos que sois mis discípulos, si tuviereis amor los unos con los otros» (Juan 13:35). Simón mira de reojo a Mateo y se pregunta cómo no va a perder la cabeza. ¿Se supone que debe amar a este traidor? ¿*Así* es como se mostrará al mundo el Jesús que ama? ¿En serio? ¿Cómo?

Quizá a veces sientas lo mismo. Hay gente en tu iglesia que se supone que debes amar, pero no quieres. Tal vez es su posición política. Tal vez sea su personalidad. Claro, puedes fingir. Poner esa sonrisa. Pero en realidad no los amas. Es más, no *quieres* amarlos.

Así es como se sentían Julio y María. Cada vez era más difícil tolerar lo que estaba pasando en su iglesia. Las cosas llegaron a un punto crítico cuando el pastor los invitó una noche para retomar el intercambio de correos. Cuando les explicó que no pensaba pronunciarse ni a favor ni en contra de las protestas, Julio y María se sintieron más enfadados que nunca. Finalmente, el pastor dio un giro a la conversación. «Julio, María, los quiero. Pero parece que este desacuerdo está convirtiendo la iglesia en un lugar realmente difícil para ustedes. No quieren estar en una iglesia que los haga enojar, y yo no quiero hacerlos enojar. Hay muchos pastores en la ciudad que dicen lo que les gustaría que yo dijera. Los echaría mucho de menos si se fueran, pero si esta iglesia los está haciendo tropezar, tal vez deberían ir a una de esas iglesias».

Si antes Julio y María estaban enfadados, ahora estaban indignados. Caminando hacia el auto, María se enfureció. «¿Cómo se atreve a decirnos que nos vayamos a otro sitio? ¿Como si *nosotros* fuéramos el problema? Quizá *deberíamos* irnos».

Pero a la mañana siguiente, se mostraron más circunspectos. «He estado pensando más en la conversación de anoche y en por qué nos enfadó tanto», dijo Julio. «No sé a ti, pero a mí se me revuelve el estómago ante la idea de abandonar esta iglesia. Quiero decir, realmente amo a esta gente. A pesar de sus absurdas ideas sobre la justicia».

«Sí, a pesar de esas ideas *absurdas*», se rio su esposa. «Pero creo que hay algo más», añadió reflexivamente. «Abandonar nuestra iglesia por algo así casi hace que me avergüence de Jesús. Como si ambos supiéramos en el fondo que Jesús debería bastar para mantenernos aquí».

«¿Quieres decir que marcharse sugeriría que nuestra política importa más que Jesús?».

«Supongo que sí», dijo María. «¿No debería bastar el evangelio para mantener unida esta iglesia?».

Algo más importante: La reputación de Cristo

A veces necesitamos enfrentarnos a la posibilidad de perder algo para darnos cuenta de lo importante que es en realidad. Esa fue la experiencia de Julio y María. Aunque tardarían varios meses en asimilarlo plenamente, lo que descubrieron aquella mañana fue la profundidad de su amor por su iglesia. Era un amor que no dependía de la política que compartían, sino de algo aún más profundo: Jesucristo y Su gloria.

¿Cómo podemos aprender a amar a las personas de nuestras iglesias a las que no queremos amar? Considerando la gloria de Aquel que compartimos, y lo que dice de Él cuando actuamos como si Él no fuera suficiente para mantenernos unidos.

Este es el pensamiento al que Pablo nos llama en Romanos 12:2: «No os conforméis a este siglo, sino transformaos por medio de la renovación de vuestro entendimiento, para que comprobéis cuál sea la buena voluntad de Dios, agradable y perfecta». Pablo les dice a los romanos que dejen de pensar como el mundo que los rodea: un mundo que mantendría al judío y al gentil cómodamente separados. En cambio, su pensamiento debe ser transformado para que puedan amar. La palabra que la RVR1960 traduce como «comprobar» se refiere a la aceptación de algo como genuino. Por medio del amor, los cristianos romanos probarán que la voluntad de Dios —su «loca» voluntad para las iglesias formadas por judíos *y* gentiles— es lo que realmente es, «buena, agradable y perfecta». Del mismo modo, *tú* debes dejar de pensar como lo hace el mundo. En su lugar, ama de tal manera que demuestres la sabiduría y la belleza del plan de Dios para tu iglesia. Ama para proteger *Su* reputación.

Como en el caso de Julio y María, la reputación de Cristo a menudo parece vaga y teórica hasta que alguna situación nos despierta de repente y nos damos cuenta de que estamos actuando como si Él no fuera tan fuerte y tan bueno como realmente es. Este es un tema que Pablo trata frecuentemente en sus cartas. Pensemos en su enseñanza sobre el matrimonio en Efesios 5, donde anima al marido a amar a su mujer porque, al hacerlo, está mostrando el amor de Cristo. O cuando la iglesia de Corinto se encontró llena de desacuerdos y desunión (como la iglesia de Julio y María), la reprimenda de Pablo fue llamativamente teológica: «¿Acaso está dividido *Cristo*?» (1 Cor. 1:13).[1] En otras palabras: «Gente, estas peleas insignificantes no son solo por ustedes. Piensen en lo que dicen de *Cristo*. ¡Al final de cuentas, son Su cuerpo!».

Julio y María habían probado el amor de Cristo. Y sabían cuánto amaba Cristo a la gente de la iglesia a la que, al menos por el momento, no soportaban. Todo esto añadía un nuevo peso al pasaje de Romanos 14 que su pastor acababa de predicar, donde Pablo nos exhorta a amar por el bien de la reputación de Cristo:

> No sea, pues, vituperado vuestro bien; porque el reino de Dios no es comida ni bebida, sino justicia, paz y gozo en el Espíritu Santo. Porque el que en esto sirve a Cristo, agrada a Dios, y es aprobado por los hombres. Así que, sigamos lo que contribuye a la paz y a la mutua edificación (Rom. 14:16-19).

Un poco de contexto: Romanos 14 fue escrito a los cristianos que no estaban de acuerdo sobre cuestiones tales como qué alimentos

1 Parece que Pablo escribió Romanos desde Corinto, con la división en Corinto en el pasado reciente (compara Rom. 15:26 con 2 Cor. 8:1-10). Tal vez Pablo escribió Rom. 12–15 en parte para evitar en Roma el tipo de facciones que tuvo que abordar en Corinto.

eran permitidos comer para los cristianos. Aquí, Pablo se dirige a los que entendían correctamente que Jesús les había dado libertad para comer de todo. Pero les advierte que hay cuestiones más importantes en juego que tener razón en esta discusión sobre la comida. Si ejercen esta libertad evangélica (el «bien») sin tener en cuenta el amor, se burlarán de ella como si fuera el mal. Eso es lo que está en juego cuando juzgamos y despreciamos a aquellos con los que no estamos de acuerdo. Si nuestras iglesias se caracterizan principalmente por juzgarse unos a otros, dice Pablo, no solo no serán aceptables para Dios, sino que incluso la gente las despreciará. Y con razón.

La unidad de la Iglesia como cuestión primordial

La exhortación de Pablo a amar la reputación de Cristo debería poner en perspectiva nuestros desacuerdos sobre cuestiones de libertad cristiana. Esto no sugiere, por supuesto, que *todos* los desacuerdos en una iglesia sean cuestiones de libertad cristiana. Recordemos que, según el primer capítulo de este libro, las diferencias que tengo en mente no son las que ponen en peligro el evangelio. Si, por ejemplo, las protestas en la ciudad de Julio y María promovieran el suicidio asistido por médicos, entonces el pastor se equivocaría al actuar como si los cristianos pudieran estar a ambos lados de la cuestión. Las situaciones en las que podemos aprender de la experiencia de Julio y María son aquellas en las que *deberíamos* ser capaces de mantener la unidad en Cristo a pesar de las diferencias de contexto o convicción.

A este respecto, debemos señalar que Pablo no está animando a los cristianos a volverse «blandos», reacios a mantener sus convicciones por miedo a ofender a los demás. Todo lo contrario. En Romanos 14 (del que hablaremos más adelante), se muestra extremadamente protector de las convicciones cristianas, incluso cuando las convicciones de la Iglesia chocan. Más bien, Pablo nos está diciendo que, a menudo, hay más en juego que la convicción. Cuando la reputación de Cristo en Su Iglesia se cierne sobre nosotros, un conjunto más profundo y extenso de preocupaciones da forma a nuestros valores, aumentando nuestra sabiduría a medida que tratamos de decir la verdad en amor.

Por ejemplo, supongamos que crees que el mayor problema de tu iglesia es el debate sobre si las madres jóvenes deben trabajar fuera de casa. En realidad, el mayor problema es si puedes resolver ese desacuerdo de una manera que honre a Cristo. Se puede ganar la batalla, pero perder la guerra.

El reino de Dios, dice Pablo en Romanos 14:17, es una cuestión de «justicia, paz y gozo en el Espíritu Santo». Me encanta el *crescendo* de esa tríada. Tu iglesia debe ser conocida no solo por tener razón, sino por su *rectitud*, por hacer lo correcto en todas las cosas, incluso en su amor. Tu iglesia también debe ser conocida por la *paz*. La paz con Dios crea paz entre Sus hijos. Y tu iglesia debe ser conocida por su *gozo*. No por «soportarse» unos a otros con dientes apretados (aunque la obediencia a veces tiene que empezar por ahí). Debe ser conocida por el gozo de la novia con el novio. Justicia, paz y gozo. ¡Qué maravillosa lista de oración para tu iglesia!

La unidad es especialmente importante cuando una iglesia se enfrenta a la oposición del mundo exterior. Imagina que el gobierno local prohíbe a los padres evangelizar a sus hijos. Algunos padres de tu iglesia quieren desobedecer la ley en silencio, enseñando a sus hijos sobre Jesús cuidadosamente y en secreto. Otros tachan este enfoque de cobarde y, en su lugar, crean «valientemente» una escuela dominical al aire libre, desafiando a las autoridades a actuar. Los «prudentes» de la iglesia, por su parte, temen que los «valientes» estén empeorando la situación. Puede que uno de estos enfoques resulte ser el mejor. Pero lo que ambos grupos de cristianos deben recordar es que la mayor amenaza para el evangelio no es esta nueva ley, sino su capacidad para dividir a la iglesia en bandos enfrentados. Hay excepciones, por supuesto, cuando la unidad ya no es nuestra principal preocupación. Pero en general, cuando tu iglesia encuentra desacuerdos, la unidad debe ser tu principal preocupación. Después de todo, ¿qué pidió Jesús repetidamente en Juan 17, sabiendo que Sus seguidores serían odiados por el mundo (17:14)? «Para que todos sean uno; como tú, oh Padre, en mí, y yo en ti» (17:21). A menudo, el camino a la apostasía durante la persecución no es el incentivo directo que la persecución crea para negar la fe, sino una fractura de la unidad de la iglesia bajo presión, que a su vez conduce a una lenta erosión de la fe.

Cómo crecer apreciando la reputación de Cristo

Impresionados de nuevo por el poder de la unidad centrada en Cristo para reivindicar el valor de Cristo, Julio y María empezaron un capítulo muy diferente de su vida en la iglesia. No se fueron. Y con el paso del tiempo, su pastor se alegró de que no lo hubieran hecho. Ninguna de sus preocupaciones sobre este movimiento de «justicia» de la época cambió, pero su postura hacia los miembros con los que no estaban de acuerdo empezó a cambiar. Su sentido de urgencia en relación con las cuestiones políticas más amplias no cambió, pero la unidad de la iglesia empezó a parecer más urgente. Las preocupaciones sociales pasaron a un segundo plano y la preocupación por la unidad de la iglesia pasó a un primer plano. A veces tenían que morderse la lengua. Cuando discutían cuestiones políticas, se esforzaban por mantener la calma. A veces ensayaban para sí mismos verdades bíblicas como las que hemos tratado en este capítulo. Sin embargo, cada vez más, con corazones transformados y mentes renovadas, fijadas en la voluntad «buena, agradable y perfecta» de Dios (Rom. 12:2), se convirtieron en constructores de puentes con los que estaban al otro lado de estas cuestiones. Aunque algunos en la iglesia empezaron a estar de acuerdo con Julio y María, muchos no lo estaban, pero ellos no los amaban con menos fervor.

Julio y María descubrieron un nuevo deseo de amar a su iglesia al ver cómo Cristo había apostado parte de Su reputación por la unidad de Su iglesia. Pero con frecuencia amamos nuestra *propia* reputación por encima de la de Él. ¿Cómo podemos crecer en este terreno?

En primer lugar, debemos aprender a ver nuestra propia arrogancia. Esta ha sido mi experiencia. Hubo un tiempo en mi vida cristiana en el que las palabras «Amo a Jesús» me parecían más académicas que de adoración. Sin duda, amaba a Jesús por lo que había hecho por mí. Pero no lo apreciaba como hermoso, glorioso y encantador, al menos no como lo hago hoy. Amaba la idea de Jesús más que a la persona. Sin embargo, un nuevo nivel de amor por Él surgió cuando empecé a comprender mi propia justicia. Al descubrir que yo era bastante difícil y que, sin embargo, Cristo me había mostrado paciencia, empecé a maravillarme de Su paciencia. Al descubrir que lo que yo quería para mi vida era aburrido y vacío, pero que lo que Él quería para mí era hermoso y satisfactorio, empecé a maravillarme de Su bondad. Al descubrir la maldad de mi corazón, empecé a maravillarme de Su misericordia y Su gracia. Al descubrir la belleza y perfección de las Escrituras, empecé a maravillarme de Su belleza y perfección. Del mismo modo que enamorarme de mi esposa me hizo celoso de su reputación, al enamorarme de Jesucristo creció en mí un celo porque Su gloria fuera conocida y me deleitara en ella.

En segundo lugar, debemos tomarnos el tiempo de mirar fijamente a Cristo, como los de Juan 12:21, que vinieron diciendo: «Señor, quisiéramos ver a Jesús». «Toda la Escritura es inspirada por Dios» (2 Tim. 3:16), y sin embargo los Evangelios deberían reclamar un lugar especial para todos los que quieren corazones cautivados por Cristo. Si la frase «por la gloria de Cristo» te parece vacía y poco motivadora, estudia Mateo, Marcos, Lucas o Juan y aprende a maravillarte ante Jesús. Libros como *Seeing and Savoring Jesus Christ* [Ver y saborear a Jesucristo] de John Piper o *The Bruised Reed* [La caña cascada] de Richard Sibbes pueden ser buenas ayudas en este esfuerzo. ¿Necesitas motivación para estudiar teología? Investigar las perfecciones de la Deidad es un estímulo para nuestros afectos.

En tercer lugar, reconoce que el deseo de la reputación de Cristo puede comenzar en un área de la vida y extenderse a otras. Llevamos la reputación de Cristo de muchas maneras porque, finalmente, Él es el Señor de toda la vida. Como padres, reflejamos a nuestro Padre celestial ante nuestros hijos (Ef. 3:14-15). Como obreros, trabajamos para Jesús (Col. 3:23). Lo hacemos en el matrimonio (Ef. 5:22-33) y, por supuesto, en la iglesia. Es posible que empieces a valorar la reputación de Cristo en un ámbito de la vida antes que en el resto. En mi caso, comenzó cuando me casé y me sorprendió la verdad de que mis acciones comunicaban a mi esposa cómo es Cristo, para bien o para mal. A medida que la reputación de Cristo se convirtió en una influencia controladora en esa parte de mi vida, se extendió al trabajo, luego a mi paternidad y finalmente a mi amor en la iglesia.

Encontrar un amor más profundo

¿Qué ocurrió exactamente en el interior de Julio y María? ¿Cómo es que el enfado por las palabras de su pastor acabó desembocando en amor? Lo que sucedió es que, cuando se los presionó, descubrieron un amor por la reputación de Cristo en su iglesia que era más fuerte que sus aversiones. Era un amor por la gloria de Cristo que era más alto, más profundo y más grande que cualquier otra preocupación en este mundo. ¿Cómo ocurre eso para el resto de nosotros? No podemos simplemente decidir tener un amor así. Después de todo, el amor de los seguidores de Jesús ha de ser un amor con fuerza divina. «Este es mi mandamiento: Que os améis unos a otros, *como yo os he amado*» (Juan 15:12). El secreto para amarnos *unos a otros* como Él nos ha amado es amarlo *a Él* por cómo nos ha amado, y no querer que nada menoscabe la gloria de Su amor.

El amor por la reputación de Cristo en tu iglesia fomenta el amor por tu iglesia. Sin embargo, ¿no hay algunas personas en tu iglesia que hacen que esto sea más difícil? ¿No funcionaría mejor todo el esfuerzo si algunos de ellos simplemente se fueran a una iglesia diferente? Esto nos lleva a la siguiente verdad que debemos considerar: ustedes deben estar juntos.

Preguntas para la reflexión y la discusión

1. ¿Qué te ha ayudado a crecer en el aprecio por la reputación de Cristo?

2. ¿Puedes pensar en algún ejemplo de tu vida en el que el deseo de proteger la reputación de Jesús te haya llevado a cambiar lo que estabas haciendo o considerando hacer?

3. ¿Qué puedes hacer para ayudar a tu iglesia a priorizar correctamente el valor de la unidad en los conflictos o desacuerdos?

Motivos de oración

- Ora para que la reputación de Cristo se convierta en una influencia controladora en tu vida.
- Ora para que tu congregación sea conocida por su rectitud, paz y gozo.
- Ora para que los líderes de tu iglesia sean celosos de la reputación de Cristo en tu iglesia.

4

¿No estaríamos mejor sin «ellos»?

Verdad 4: Ustedes deben estar juntos

Porque de la manera que en un cuerpo tenemos muchos miembros, pero no todos los miembros tienen la misma función, así nosotros, siendo muchos, somos un cuerpo en Cristo, y todos miembros los unos de los otros.

ROMANOS 12:4-5

Personas que preferirías evitar

«¿No estaríamos mejor sin algunas de estas personas?».

¿Te lo has preguntado alguna vez? Incluso como pastor, me temo que a veces lo hago. Sé que Pablo escribió que «los miembros del cuerpo que parecen más débiles, son los más necesarios» (1 Cor. 12:22). Pero, ¿no podrían algunos de ellos ser necesarios para el cuerpo de *otra* iglesia?

Tu iglesia debe ser una familia, la casa de Dios (Ef. 2:19), y sin embargo es fuerte la tentación de renunciar a ser la clase de familia con la que soñamos. En lugar de ello, nos conformamos con el tipo de familia en la que muchos de nosotros crecimos, en la que nos preocupábamos por nosotros mismos y las comidas familiares eran apenas una tregua, con la televisión como distracción para mantener la paz. A menudo, nuestra actitud hacia los «no queribles» de la iglesia podría resumirse en «No los necesito, y no les debo nada. Así que, ¿no puedo simplemente evitarlos?».

Si el propósito de la iglesia fuera puramente utilitario, conformarse con esa coexistencia no sería tan malo. De hecho, la gente probablemente sería *más feliz* si pudiera evitar en la iglesia a aquellos que le caen mal. Y si la gente es más feliz, probablemente servirá más y dará más, lo que permitirá a la iglesia lograr más.

Pero recuerda, el propósito de una iglesia va más allá de lo utilitario; es ser un bello reflejo de la gloria de Cristo. De hecho, la mera coexistencia es la puerta de entrada a la división. Si los cristianos de Hechos 6 que mencioné antes se hubieran conformado con la coexistencia, con equipos de diáconos separados para cada bando, ¿no habría eso jugado a favor de la narrativa de Satanás? «Nada que ver aquí, amigos. Nada notable sobre los cristianos». ¿No es esa la historia que Satanás quiere que el mundo crea sobre tu iglesia?

Catalina, una mujer en mi iglesia, estaba teniendo esta lucha. Cuando un hombre llamado Juan se unió por primera vez a su iglesia, ella sintió escalofríos. Despreciaba sus opiniones sobre muchos temas. Pensaba que sus ideas eran una amenaza para la sociedad y se avergonzaba de que un compañero *cristiano* fuera conocido por ellas. Así que cuando se marchó y se unió a otra iglesia, ella respiró aliviada.

Pero unos años más tarde, volvió a verlo, felizmente casado (¡viva!), viviendo a pocos minutos de distancia (¡ay!), y de nuevo miembro de su iglesia (¡oh, no!). Al principio, intentó la estrategia de la tolerancia benigna. Sin embargo, le pareció inquietante. Por un lado, no había nada de malo en que Juan y ella no se relacionaran nunca. Al fin y al cabo, nunca habían sido íntimos y la congregación era numerosa. Sin embargo, no estaba bien despreciar a alguien a quien llamaba «hermano», aunque nunca hablaran.

Este es, de hecho, el reto que Pablo aborda en Romanos 12:3-8. «¿No estaríamos mejor sin algunas de estas personas?». Estos versículos nos guían a través de dos movimientos que nuestros corazones deben hacer si, como Catalina, queremos una respuesta satisfactoria a esta pregunta. En primer lugar, debemos comprender que en Cristo *nos necesitamos* unos a otros (incluso a personas como Juan). Y, en segundo lugar, que personas como Catalina y Juan *deben estar* juntas. Vayamos por partes.

Nos necesitamos unos a otros

Para entender el contexto de estos versículos de Romanos 12, debemos volver a Romanos 11. Pablo se dirige a los gentiles que piensan que Israel está excluido para siempre de la familia de Dios porque han rechazado a Jesús. En dos ocasiones Pablo advierte a los gentiles que no desprecien arrogantemente a Israel (Rom. 11:20,25) porque Dios los ama (11:28).

Luego, en Romanos 12, con las iglesias judeo-gentiles de Roma a la vista, Pablo continúa este mensaje de humildad.

> Digo, pues, por la gracia que me es dada, a cada cual que está entre vosotros, que no tenga más alto concepto de sí que el que debe

tener, sino que piense de sí con cordura, conforme a la medida de fe que Dios repartió a cada uno. Porque de la manera que en un cuerpo tenemos muchos miembros, pero no todos los miembros tienen la misma función, así nosotros, siendo muchos, somos un cuerpo en Cristo, y todos miembros los unos de los otros (12:3-5).

En otras palabras, la idea de que estarías mejor sin «ellos» está alimentada por el orgullo (12:3). Los cristianos gentiles *necesitaban* a sus hermanos judíos en Cristo, igual que un cuerpo necesita a todos sus miembros. En este sentido, el consejo de Thomas Watson es acertado: «Un cristiano humilde estudia sus propias debilidades y las excelencias de los demás».[1]

La buena noticia, nos dice Pablo, es que la realidad es enemiga del orgullo. A medida que pensemos «con cordura», viendo la verdad sobre nosotros y los demás, el orgullo disminuirá. Tal vez incluso la insistencia de tu carne en que estarías mejor sin «esas personas» pueda fomentar la humildad, al confesar ese orgullo como pecado y acercar tu evaluación sobre ti un paso más a la verdad.

La realidad que verás, a medida que limpies el orgullo de tus ojos, es que tú y tu iglesia están de hecho incompletos sin «esas» personas, que es el punto de la imagen de Pablo de la iglesia como un cuerpo en Romanos 12:5. Como escribe en otra parte, sus miembros son diferentes por diseño. «Ni el ojo puede decir a la mano: No te necesito, ni tampoco la cabeza a los pies: No tengo necesidad de vosotros. Antes bien los miembros del cuerpo que parecen

1 Thomas Watson, *The Godly Man's Picture Drawn with a Scripture-Pencil, or, Some Characteristic Marks of a Man Who Is Going to Heaven* (1666; Carlisle, PA: Banner of Truth, 2003), 79.

más débiles, son los más necesarios; y a aquellos del cuerpo que nos parecen menos dignos, a estos vestimos más dignamente; y los que en nosotros son menos decorosos, se tratan con más decoro» (1 Cor. 12:21-23). ¿Lo crees de verdad? Si llevas mucho tiempo siendo cristiano, esta imagen de la Iglesia como cuerpo te resultará sin duda familiar. Pero, ¿has pensado en las personas de tu iglesia que te caen mal, con las que no estás de acuerdo y a las que sientes la tentación de despreciar? Las *necesitas*. ¿Por qué?

Necesitas su fe

Personalmente, puedo ver mi necesidad de otros en mi iglesia más claramente cuando pienso en términos de fe. No «necesito sus habilidades» o «necesito su sabiduría» o «necesito su perspectiva» (aunque todo esto puede ser cierto) sino «necesito su fe».

En concreto, necesitas que su fe te anime. Pongamos como ejemplo a un hombre llamado José. Cristiano desde los dos años, su identidad estaba firmemente arraigada en Cristo. Sin embargo, al vivir en Nairobi, lejos de sus raíces ancestrales en el oeste de Kenia, su identidad tribal como *luo* también era importante. José y su esposa tenían un hijo, Paulo —su orgullo y alegría—, al que habían educado para que apreciara su herencia *luo* y atesorara las verdades del evangelio. Dado el lugar donde vivían, siempre habían acudido a una iglesia de mayoría *kikuyu*, una tribu cuya posición de poder resultaba insufrible para muchos *luo*. De hecho, el año pasado, la sobrina de José, de dos años, había sido asesinada en una oleada de violencia contra los *luo*, instigada por un político *kikuyu*.

Imagina la multitud de emociones en el corazón de José el día que Paulo volvió a casa de la universidad con María del brazo, una joven *kikuyu* piadosa y encantadora con la que Paulo esperaba casarse.

Imagina ahora los pensamientos de la mayoría de la congregación *kikuyu* el día de la boda de Paulo y María. Para ellos, la idea de casar a su único hijo con una familia *kikuyu* no causaría el menor revuelo. ¿Pero para José? Para él, era un reto de fe. ¿Creía realmente que Cristo valía más que la tribu? Por eso, la radiante sonrisa de José el día de la boda de Paulo y María fue un estímulo especial para esta congregación, porque veían en él un ejemplo especial de fe. Su fe era alentadora precisamente por sus diferencias tribales, y demostraba con fuerza que Cristo valía más.

Cuando alguien sin mucha educación formal se une a mi educada congregación, me anima su fe. Cuando veo en la iglesia a alguien abrazado por un grupo de amigos que discrepa de su política, me anima su fe. La fe de las personas de tu iglesia con las que no estás de acuerdo es especialmente alentadora porque se arriesgan por Jesús en lugares en los que tú no tendrías por qué hacerlo. Esa es una razón por la que necesitas la fe de los que difieren. Hay otra: necesitas su fe porque protege la tuya. Como dice Proverbios 27:17: «Hierro con hierro se aguza; y así el hombre aguza el rostro de su amigo». No hay nada inherentemente malo en estar en una iglesia donde todos están de acuerdo en una amplia variedad de temas no esenciales.[2] Sin embargo, tal uniformidad puede ser peligrosa porque las declaraciones que son retóricamente poderosas pero bíblicamente descuidadas no son cuestionadas. Es peligroso porque, por ejemplo, la política que compartimos, en lugar de las Escrituras, puede deslizar

2 Por «temas no esenciales» me refiero a cuestiones en las que se puede estar en desacuerdo y seguir siendo miembros de la misma iglesia, lo que a menudo es un nivel más alto que simplemente «esencial para la salvación». Exploraremos esto más a fondo en los últimos caps. de este libro.

nuestras convicciones, y esto puede conducir a un compromiso no bíblico. Los que comparten nuestra fe, pero discrepan con nosotros en temas no esenciales, son a menudo los que están mejor situados para protegernos del error.

Intentando comprender

Catalina había leído Romanos 12. Había leído 1 Corintios 12. Ella sabía que Juan era indispensable. ¿Pero cómo? Esa era una pregunta que no podía responder. Así que pidió ayuda. Llamó a Julián, que compartía sus desacuerdos con Juan, pero que había sido amigo íntimo de Juan durante años.

«Julián, necesito tu ayuda. La estoy pasando mal ahora que Juan ha vuelto. Para ser sincera, desprecio a ese hombre. Sé que es terrible y pecaminoso, pero es verdad, y no puedo deshacerme de lo que siento. Sé que tú tampoco estás de acuerdo con él. Me ayudaría que me explicaras lo bueno que ves en él».

Durante los minutos siguientes, Julián le habló pacientemente de la insuperable lealtad de Juan como amigo. «Tú y yo sabemos que nunca voy a pedirle consejo sobre cuestiones sociales. Pero si alguna vez tuviera problemas, sería la primera persona a la que llamaría. Sé que haría cualquier cosa para ayudarme a salir de una situación difícil. Y el hecho mismo de que discrepemos en tantas cosas es lo que hace que su lealtad hacia mí sea tan significativa».

Admiro a Catalina por querer esa conversación. Era justamente lo contrario de lo que solemos hacer cuando nos ponemos en su lugar, desahogar nuestra frustración sobre quienes nos caen mal mediante chismes y calumnias. Y para Catalina, la conversación con Julián fue útil. Ahora, cada vez que veía a Juan, pensaba en el papel que había desempeñado en la vida de Julián, lo que empezó a suavizar su corazón hacia Juan. No era tanto que hubiera descubierto una necesidad que *ella* tenía de Juan, sino que empezaba a ver cómo él era necesario.

Amar solo porque debemos hacerlo puede parecer un amor porque somos «mejores que ellos», nos rebajamos para elevar a nuestros inferiores ignorantes. Pero mientras la obligación alimenta rápidamente el orgullo, la necesidad es el lenguaje de la humildad. Por eso, creer que *realmente* nos necesitamos unos a otros es un paso fundamental hacia una auténtica comunión en la iglesia local.

Nos pertenecemos unos a otros

Pero la historia de Catalina no había terminado. Lo que Julián dijo ciertamente ayudó a acallar los pensamientos profanos que amenazaban con invadir su mente cuando vio a Juan en el pasillo después del servicio. Pero había algo que le resultaba inquietantemente utilitario. «¿Debería amarlo solo porque satisface una necesidad en nuestra iglesia? ¿Y si nunca hubiera descubierto esa necesidad?». Después de todo, ¿quién era *ella* para suponer que podía descubrir los propósitos de Dios para cada miembro de su iglesia? «Y además», reflexionó, «se supone que debo amar a Juan como Cristo me ha amado a mí (Juan 15:12). Jesús no me ama simplemente porque satisfago una necesidad. Entonces, ¿por qué debería ser esa la razón por la que amo a Juan?».

Afortunadamente, estos versículos de Romanos 12 contienen aún más sabiduría. Aunque «nos necesitamos unos a otros» es un mejor fundamento para la amistad que «debo amarlos», eso sigue siendo insuficiente. Una perspectiva como esa puede seguir alimentando una mentalidad consumista y de «¿qué hay en esto para mí?». Para quienes hemos empapado toda nuestra vida en las aguas del consumismo moderno, el resto de la enseñanza de Pablo en estos versículos es fundamental. En concreto, pasa de «nos necesitamos unos a otros» a «nos pertenecemos unos a otros». Lo cual es profundo.

Miembros unos de otros

Vemos este cambio en los versículos 4 y 5, donde Pablo habla de su imagen de la Iglesia como un cuerpo. «Porque de la manera que en un cuerpo tenemos muchos miembros, pero no todos los miembros tienen la misma función, así nosotros, siendo muchos, somos un cuerpo en Cristo, y todos miembros los unos de los otros». No solo somos pecadores hechos vivos; somos extraños hechos uno. Como tal, habría esperado que este versículo concluyera señalando que somos «miembros individuales de *su* cuerpo», enfatizando que pertenecemos a *Cristo*. En cambio, Pablo escribe «y miembros *los unos de los otros*».[3] Porque pertenecemos a Cristo, pertenecemos unos a otros.

Piensa un momento en esta última frase «y todos miembros los unos de los otros». Para el cristiano, la identidad es fundamentalmente colectiva; pertenecemos unos a otros. ¿Por qué? Porque comenzamos una nueva vida a través del mismo Salvador, y a través del mismo Salvador tenemos el mismo futuro. O, como dijo Charles Spurgeon: «Todos los santos disparan con el mismo arco y se dirigen al mismo blanco».[4] En consecuencia, el énfasis

3 Pablo hace lo mismo en 1 Cor. 12, donde comienza hablando de la necesidad que tenemos unos de otros (12:21) y pasa a la verdad de que nos pertenecemos unos a otros (12:27).

4 Charles Spurgeon, «*Unity in Christ*», vol. 12, *Metropolitan Tabernacle Pulpit*, predicado el 7 de enero de 1866, The Spurgeon Center, www.spurgeon.org.

de Pablo en los versículos siguientes no es la necesidad que tenemos los unos *de* los otros, sino el servicio que nos prestamos los unos *a* los otros, servicio que prestamos con liberalidad, solicitud y alegría (12:8). La liberalidad, solicitud y alegría son pruebas de una obligación *gustosa*, no de una obligación sin corazón. Entonces, ¿cómo se traduce en alegría esta idea de que «pertenecemos unos a otros»?

La respuesta está en la forma en que esa «pertenencia» conforma nuestra experiencia de la obligación de amar. Pensemos en una familia mixta que se forma cuando la madre y el padre se casan después de enviudar o divorciarse (lo que hace eco de la analogía del «injerto» agrícola de Pablo que precede a este pasaje, en Romanos 11). El sentimiento de pertenencia que produce liberalidad, solicitud y alegría no es lo que sienten los hermanos el primer día, cuando «les perteneces» significa «*debes* amarlos». Es más bien lo que sienten en el décimo año, si las cosas van bien, cuando *quieren* amar porque pertenecen juntos como familia. Pablo enseña algo parecido en 1 Corintios 7, cuando dice a los esposos que se pertenecen el uno al otro (1 Cor. 7:4), lo que no lleva a tomar egoístamente, sino a dar desinteresadamente (7:3). Es decir, no es motivo de abuso («me perteneces»), sino de un amor hermoso, que se olvida de sí mismo («te pertenezco»). Un amor así considera natural y adecuado entregarse al servicio del otro.[5]

5 Considera todos los paralelismos entre la Iglesia y el matrimonio. Ambos tienen una tarea que cumplir: la de la Iglesia es la Gran Comisión (Mat. 28:19-20); la del matrimonio es la fecundidad (Gén. 1:28). El poder para llevar a cabo esas tareas reside en las diferencias de los participantes: la Iglesia necesita a todos sus miembros (1 Cor. 12), y el marido y la mujer fueron diseñados para complementarse mutuamente (Gén. 2:18). El valor de ninguno de los dos (la Iglesia o el matrimonio) puede encasillarse en el cumplimiento

Del mismo modo que tu alabanza pertenece a Dios, y no todo está bien hasta que se la das, tu amor pertenece a tus hermanos y hermanas de la iglesia, y no todo está bien hasta que se los das. En ese sentido, las palabras de Pablo aquí no deberían funcionar como una orden («actúen como si pertenecieran el uno al otro») sino como una invitación («descubran que realmente se pertenecen el uno al otro»).

Son dignos de tu amor

Esta fue, de hecho, la siguiente etapa del viaje de Catalina. Una semana después, volvió a hablar por teléfono con Julián para explicarle su último dilema. Julián pareció entenderlo enseguida. «Sí. Intentar sentir afecto fraternal por Juan simplemente porque satisface una necesidad parece una amistad basada en el desempeño, no en la gracia». Catalina no lo había pensado así, pero ciertamente tenía sentido. «Catalina, la necesidad que Juan satisface en mi vida no es la única respuesta a tu pregunta de cómo amarlo. Es una invitación a descubrir algo más profundo». La razón por la que Juan era tan leal, explicó Julián, no era porque fuera una persona leal por naturaleza, sino por la transformación que el Espíritu Santo había obrado en su corazón. Y la obra del Espíritu nunca es un fin en sí misma; siempre apunta a Cristo (Juan 16:14-15). «La obra

---

de su tarea. Por el contrario, el valor de ambos se refleja uno en el otro (Ef. 3:10 para la Iglesia, Ef. 5:22-33 para el matrimonio). Como resultado, vemos la pertenencia mutua tanto en la Iglesia como en el matrimonio. Somos «todos miembros los unos de los otros» en Rom. 12; en el matrimonio, el cuerpo del marido pertenece a su mujer y viceversa (1 Cor. 7:4). Piensa en lo frágil y despiadado que se vuelve el matrimonio cuando se limita a cumplir la tarea o a satisfacer mutuamente las necesidades. En cambio, la alegría del matrimonio está en la belleza del amor que se entrega. Y lo mismo ocurre con la Iglesia.

de Cristo está en todo ese hombre, aunque todavía sea una obra en proceso, y eso puede ayudarte a ver a Cristo en él. Cristo está en ti, Cristo está en Juan, y eso significa que pertenecen el uno al otro. Ambos son adoptados por Dios, y por eso son familia. Por Cristo, Juan es *digno* de tu amor».

Esa palabra resonó en Catalina, y espero que también resuene en ti. Los demás miembros de tu iglesia son *dignos* de tu amor porque en Cristo pertenecen el uno al otro. Si los tratas como si no merecieran tu tiempo, tu energía y tu preocupación, Jesucristo mismo se levanta para objetar. Son *dignos* de recibir tu servicio abundante, alegre y celoso porque en Cristo les perteneces. Con ello, el centro del poder del amor se ha desplazado de ti y tus obligaciones, o de ti y tus necesidades, a Cristo, porque en Cristo les perteneces. Así es como pasamos de amar simplemente porque debemos, a amar con gusto.[6]

En realidad, el hecho mismo de que este valor se fundamente en Cristo y no en nosotros hace que la amistad sea un tipo especial de alegría. Aquí va una analogía: una vez tuve el privilegio de regalar una casa a una familia de mi iglesia. La casa no era mía y no era para siempre, pero era gratis durante dos años. Y no era una casa cualquiera; era una fabulosa obra maestra de la arquitectura. El propietario me preguntó si sabía de un buen uso para ella, le mencioné a esta familia y aceptó. «¿Te gustaría darles la buena noticia?», le

6 He aprendido sobre este tipo de amor «de pertenecerles» observando a algunos en mi iglesia a quienes el mundo alaba como importantes, como generales militares o líderes empresariales. Tal vez porque han alcanzado tanto a los ojos del mundo, se deleitan prodigando amor paciente a los débiles y a los que están en apuros de mi iglesia. Y me hablan de un gusto especial que proviene de utilizar la estatura mundana para mostrar el valor que Cristo ha dado incluso a los «más pequeños» de los hijos de Dios.

dije al propietario. Pero él respondió: «La casa le pertenece al Señor. Díselos tú».

Llamé al marido de esta familia y le pedí que se reuniera conmigo cerca. Mientras caminábamos hacia la casa, me contó lo desconsolados que estaban él y su mujer por no tener un lugar permanente donde vivir. Abrí la puerta y entramos. «¿De quién es esta casa?», me preguntó, «¿y por qué tienes llave?». «Es tuya», le dije con una sonrisa, mientras le entregaba las llaves. Por un momento pensó que era una broma de mal gusto (algo habitual en mí), pero cuando seguí sonriendo, se echó a llorar (algo poco habitual en él) y se agarró a una silla para sostenerse. «¡Vaya! Tengo que llamar a mi mujer y decírselo».

Este hombre no se merecía la casa y yo no me merecía dársela. Y por eso es un recuerdo tan especial para los dos. El dueño es quien me hizo digno de dársela; el dueño hizo a esta familia digna de recibirla. Del mismo modo, Jesús es quien te hizo digno de amar a Sus queridos hijos, y es quien los hizo dignos de tu amor. Puede haber muchas buenas razones por las que no tengas una amistad cercana con algunos miembros de tu iglesia. Después de todo, a menos que estés en una iglesia muy pequeña, no puedes ser amigo de todos. Pero eso nunca será porque no son dignos de tu amor. Así que piensa en esas personas de tu iglesia con opiniones nocivas o personalidades irritantes. ¿Merecen por sí mismas tu tiempo, atención, hospitalidad y amistad? Por supuesto que no. Pero como Cristo se entregó a sí mismo por ellos, tú les perteneces, y por eso, al entregarte a ellos, sientes una alegría especial. Cuando tratas de amar —no solo porque debes hacerlo, y no solo por lo que necesitas, sino porque en Cristo pertenecen el uno al otro— hay una dulzura en la amistad que no tiene comparación. ¡Qué testimonio del poder de la sangre de Cristo!

El camino hacia el amor verdadero

Tomemos un momento para repasar el argumento de Pablo hasta ahora en Romanos 12. Vemos el poder detrás de nuestro amor en los versículos 1-2. En los versículos 3-8 vemos la postura humilde que hay detrás del amor cristiano. No solo amor por obligación. No solo amor por necesidad. Sino amor porque en Cristo pertenecemos unos a otros. Este es el camino hacia una comunión verdadera y exaltadora de Cristo con «esas» personas en tu iglesia.

Pasemos a los versículos 9-16, donde Pablo sigue guiándonos por este camino.

Preguntas para la reflexión y la discusión

1. ¿Cuáles son algunos ejemplos de cómo la fe de aquellos que difieren de ti (en contexto, opiniones, convicciones, etc.) ha sido un estímulo importante para tu fe?

2. ¿Cómo ha hecho Cristo que los demás miembros de tu iglesia sean dignos de tu amor?

3. Imagina que tienes dificultades para llevarte bien con un compañero de la iglesia. ¿Cómo te ayuda la verdad de que son «miembros los unos de los otros» (Rom. 12:5)?

Motivos de oración

- Ora para que creas más firmemente que, por Cristo, incluso los «difíciles» de tu iglesia son dignos de tu amor.
- Ora para que tu congregación descubra cada vez más que, en la providencia de Dios, deben estar juntos.
- Ora para que los líderes de tu iglesia confíen en los propósitos de Dios para incluir a todos y cada uno de los miembros como parte del cuerpo de la iglesia.

5

¿Cómo puedo ser *amigo* de «ellos»?

Verdad 5: La esperanza en Dios crea afecto por los demás

El amor sea sin fingimiento. Aborreced lo malo, seguid lo bueno. Amaos los unos a los otros con amor fraternal; en cuanto a honra, prefiriéndoos los unos a los otros. En lo que requiere diligencia, no perezosos; fervientes en espíritu, sirviendo al Señor; gozosos en la esperanza; sufridos en la tribulación; constantes en la oración.

ROMANOS 12:9-12

El absurdo mandato de Pablo

A veces los mandatos de Dios parecen ilógicos. Me viene a la mente este a Moisés: «hablad a la peña» (Núm. 20:8). O el de Jesús a un cadáver: «¡Lázaro, ven fuera!» (Juan 11:43). El mandamiento de Pablo en Romanos 12 está a la altura: «Amaos los unos a los otros con amor fraternal» (12:10). Es fácil pasar por alto un lenguaje tan bueno y piadoso. Pero piénsalo un momento. ¿Un *mandamiento* de amar con *amor fraternal*?[1] ¿Cómo puede Dios mandar al corazón?

Por supuesto, no es solo Pablo quien lo hace. Jesús nos dijo que amáramos a Dios con todo el *corazón* (Mar. 12:30). Pedro nos dice «amaos unos a otros entrañablemente, *de corazón puro*» (1 Ped. 1:22). Como escribe el biblista D. A. Carson sobre el mandamiento de Jesús de amar en Marcos 12:30: «Es inadecuado pensar que el verbo "amar" significa algo estrechamente intencional... como si el amor cristiano pudiera reducirse a un altruismo comprometido. El mandamiento de amar no debe ser despojado de su contenido afectivo».[2] Amar con amor fraternal no es lo mismo que tener *sentimientos* de amor, pero es mucho más que una férrea determinación de amar. Tomando prestada la terminología de San Agustín, es la voluntad en armonía con el deseo.[3]

¡Qué estándar para nuestro amor! Una cosa es amar a las personas difíciles de mi iglesia y comprender que son *dignas* de mi amor, como vimos en el último capítulo. Pero, ¿ahora me dicen que debo amar con *amor fraternal*? ¿Cómo puedo hacerlo? Aparte de recortar

1 Cabe señalar que, si bien la RVR1960 traduce esta frase como «amor fraternal», muchas otras traducciones utilizan una palabra distinta. Por ejemplo, la NTV opta por «afecto genuino» y en la NVI es «con amor fraternal, respetándose y honrándose mutuamente». Una traducción literal sería «con respecto al amor fraternal, con devoción». Sin embargo, aunque se traduzca o no con la palabra *amor*, la vara está bastante alta. Lo que Pablo tiene en mente en tu iglesia es el tipo de amor sincero que normalmente se reserva para la familia cercana.

2 D. A. Carson, *Love in Hard Places* (Wheaton, IL: Crossway, 2002), 21.

3 San Agustín, *Confesiones*, 10.23.33. Categorías como pasiones, sentimientos y afectos pueden ser más útiles y precisas para considerar lo que Pablo ordena aquí en Rom. 12 que los conceptos más modernos de emociones o sentimientos. Los «afectos» como inclinaciones de la voluntad deben distinguirse de las «pasiones» que nos dominan aparte de la voluntad.

Romanos 12 y 1 Pedro 1 y algunos otros pasajes de mi Biblia, no hay ninguna salida a la vista de esto que parece imposible.

La extraña iglesia de Jesús

Sin embargo, ¿no es este el diseño de Jesús para la Iglesia? Si estuviera en *nuestro* poder obedecer este mandamiento, ¿qué diría eso del poder de *Dios*? Consideremos a los fariseos. Ellos redujeron los mandamientos de las Escrituras a un conjunto de reglas que, con gran dificultad, podrían ser obedecidas sin importar la condición de sus corazones. Por eso Jesús cita a Isaías contra ellos: «Este pueblo de labios me honra; mas su corazón está lejos de mí. Pues en vano me honran enseñando como doctrinas, mandamientos de hombres» (Mat. 15:8-9). El amor a medias, forzado, puede brotar de la fe y, como tal, puede honrar a Dios. Sin embargo, el amor de corazón, lleno de afecto y calidez es un reflejo aún más perfecto del amor de Dios por nosotros. Sin menospreciar el amor forzado, que es a menudo por donde empezamos, deberíamos aspirar a un amor afectuoso en la iglesia. Así es, en parte, como conseguimos que el bello reflejo que es la Iglesia sea… *bello*.

Grandes historias… pero ¿y tú?

Dado el amor sincero de Dios por nosotros, no es de extrañar que abunden las historias de antiguos enemigos que se han convertido en hermanos y hermanas afectuosos en Cristo. Solo tienes que escribir algo como «antiguos enemigos se convierten en uno en Cristo» en tu buscador de Internet. Obtendrás resultados como Martin Seliane, un activista durante el *apartheid* sudafricano, y Adriaan Vlok, un oficial de seguridad nacional que intentó encarcelar a dichos activistas. Cada uno se enteró de que el otro se había hecho cristiano y «estos dos hombres, que antes anhelaban verse asesinados mutuamente, iniciaron juntos una amistad y una asociación ministerial». Refiriéndose a cómo el evangelio destruye el muro de hostilidad entre los creyentes (Ef. 2:14), Martin dijo: «Esas son las palabras de un libro. Esto [señalando a Adriaan y a sí mismo] es cómo se ve».[4]

Estas historias no son difíciles de encontrar, pero mi verdadero interés eres tú. ¿Hay historias como las de Martin y Adriaan «ahí fuera», pero rara vez en tu iglesia o en tu corazón? ¿Te imaginas querer con *amor fraternal* a los difíciles de tu iglesia? ¿O eso entra en la categoría de «hipotéticamente posible pero nunca va a suceder»? (Si tu ambición de amor no incluye el amor fraternal, entonces tu ambición es débil. Escuchemos a Pablo describir el tipo de amor al que debemos aspirar y cómo llegar a él.

Qué hace que el amor sea genuino

A primera vista, el orden de las frases de Romanos 12:9-16 parece fortuito. Sin embargo, existen importantes conexiones temáticas implícitas entre estos mandamientos (aunque hay que admitir que faltan vínculos explícitos). Por ello, es útil considerar estos versículos dentro de un marco que conecte los puntos entre las muchas amonestaciones de Pablo.

El mandamiento principal de Pablo es que «el amor sea sin fingimiento». O, en algunas traducciones, «que el amor sea sin hipocresía».[5] A esta admonición le sigue una serie de mandamientos que

4 «*Former Enemies Now Fellow Evangelists*», *The Master's Academy International* (blog), 20 de abril de 2018, https://www.tmai.org/.

5 En el original, este mandamiento no tiene verbo, sino que sirve más bien de encabezado de lo que sigue. Literalmente, «amor genuino». Lo que sigue entonces es una serie de «cláusulas participiales para explicar qué es realmente el amor sincero», seguidas de una

concretan la *norma* de ese amor: debe estar marcado por el afecto, el honor y el celo (12:10-11). A continuación, en el versículo 12, Pablo introduce una tríada de mandatos que explican la *mentalidad* que subyace al amor genuino. Alégrense en la esperanza, sean pacientes en la tribulación, sean constantes en la oración. Por último, el resto de los mandamientos explican *cómo se manifiesta* ese amor auténtico. Entrégate a tus hermanos y hermanas con tu dinero y tu casa (12:13), tus derechos (12:14), tu corazón (12:15) y tu reputación (12:16). Como veremos dentro de un momento, el generador que impulsa todo lo demás en este pasaje es la pequeña palabra *esperanza* que aparece al principio del versículo 12. Es decir, la esperanza de que Dios utilizará tu vida como iglesia para pintar un retrato perfecto de Su gloria.

Recorramos estos versículos para ver la receta de Pablo para el amor verdadero.

El estándar de Pablo para el amor genuino

Comenzaremos con el mandamiento principal de Pablo, que el amor sea sin fingimiento y sin hipocresía. ¿Qué haría que el amor fuera hipócrita? A veces, las acciones que llamamos amor están honestamente más motivadas por la ganancia que por el amor. Por supuesto, no hay nada malo en buscar ayuda de aquellos que conocemos en la iglesia. Pero si el «amor por la ganancia» es toda la extensión de tus motivaciones para amar, tendrás dificultades para amar donde el amor es más importante.

---

serie de mandatos referenciales hasta el v. 12 («con referencia al amor fraternal», «con referencia al honor», etc.). Ver Douglas Moo, *The Epistle to the Romans, The New International Commentary on the New Testament* (Grand Rapids, MI: Eerdmans: 1996), 774, 777.

Un segundo tipo de amor hipócrita es un farisaico «amor para aparentar». Mientras que el «amor por la ganancia» corrompe el amor por aquellos que te ayudan, el «amor para aparentar» corrompe el amor por aquellos que son ayudados *por* ti. Puedes *actuar* como si amaras a cierta persona en tu iglesia, pero sabes que tu corazón no está en ello. Dios sabe que tu corazón no está en ello. Y seamos sinceros, esa persona probablemente también lo sabe. El simbolismo que describí hace unos capítulos es un buen ejemplo. El amor para aparentar es un resultado común de la obediencia por pura fortaleza moral. «Claro, amaré a todos en mi iglesia… ¡solo mírame!». Sin embargo, Dios no solo ordena amar con la acción; ordena amar con el corazón.

El trío de mandamientos de Romanos 12:10-11 desarrolla aún más el amor que Pablo espera de los creyentes: «Amaos los unos a los otros con amor fraternal; en cuanto a honra, prefiriéndoos los unos a los otros. En lo que requiere diligencia, no perezosos; fervientes en espíritu, sirviendo al Señor».

El amor verdadero es afectuoso, dice Pablo. Muestra honor. Y lo hace con un celo sobrenatural que es ferviente en espíritu.[6] Después de todo, el amor dentro de la iglesia es una demostración primaria de nuestro amor por Dios. Así es como «servimos al Señor» (12:11). Si tu amor no tiene corazón, entonces tu servicio a Dios no tiene

6 Los eruditos no se ponen de acuerdo sobre si la frase de Pablo «fervientes en espíritu» se refiere a *nuestros* espíritus o al Espíritu *Santo*, ya que los dos usos de la palabra serían idénticos en el original. Por eso, algunas traducciones escriben *Espíritu* con mayúscula y otras no. Es muy posible que Pablo esté utilizando esta ambigüedad intencionalmente, desafiándonos con un juego de palabras sobre la palabra espíritu. El verdadero fervor en tu espíritu solo puede venir del Espíritu Santo. Por eso lo he descrito como un celo *sobrenatural*.

corazón. Es una idea sorprendente, ¿verdad? Dentro de un momento veremos cómo el amor puede ser sincero. Pero primero, considera todas las imitaciones incompletas que pasan por amor en la iglesia.

- «Lo amaré, pero no puedes esperar que disfrute haciéndolo». Este «amor» niega la importancia del afecto. Mejor decir: «Lo amaré, y oraré para que luego venga el amor fraternal».
- «Me da pena, así que voy a ir a ayudarla». Esta actitud puede reducir a alguien a un caso de caridad. Incluso cuando ayudamos a los débiles, nuestra ambición debe ser honrarlos.
- «Ya he invertido bastante en esa relación, y no se está haciendo más fácil; creo que he terminado». Esto no es amar con celo impulsado por el Espíritu.
- «Construiré una amistad con ella, porque no conozco a muchas personas que sean [inserte aquí la categoría demográfica]». De nuevo, este puede ser un buen punto de partida, pero el amor que se detiene aquí difícilmente podría ser verdadero.

Debemos cuidarnos de la satisfacción complaciente con estas motivaciones «iniciales». Como tal, estas tres palabras, *afecto, honor* y *celo*, son buenas para tener en cuenta al evaluar la autenticidad de tus amistades en la iglesia. ¿Se mueve tu amistad hacia el *afecto*, o se asienta en la obligación? ¿Tu amistad *honra* al individuo o lo degrada como un caso de caridad? ¿Tu deseo por el bien de esta persona es *celoso*, o es poco sincero?

Por supuesto, nuestros corazones aún pecaminosos inevitablemente se quedarán cortos en muchos aspectos. Ahí es donde necesitamos la mentalidad que Pablo describe a continuación.

La mentalidad del amor genuino

«Gozosos en la esperanza; sufridos en la tribulación; constantes en la oración» (Rom. 12:12). Como veremos dentro de un momento, hay muchas cosas en esta frase, así que veamos cada una de estas breves partes por separado.

«Gozosos en la esperanza»

Lo que llama la atención de esta frase es su similitud con la larga sección de Pablo sobre la esperanza gozosa y el sufrimiento paciente en Romanos 5: «por quien también tenemos entrada por la fe a esta gracia en la cual estamos firmes, y nos *gloriamos en la esperanza* de la gloria de Dios» (5:2).[7] El gozo de Romanos 5:2 mira *hacia atrás* a las riquezas inmerecidas de ser justificado por la fe. Mira *hacia delante* —con esperanza—, hacia «la gloria de Dios», cuando el retrato que Dios ha pintado de Su gloria en nuestras vidas se despliegue para que todos lo vean. Esta esperanza en la gloria de Dios es una esperanza que no defraudará, escribe Pablo en Romanos 5:5, porque «el amor de Dios ha sido derramado en nuestros corazones por el Espíritu Santo que nos fue dado». Dios *se mostrará* bondadoso y glorioso a través de nuestras vidas, porque Su amor dará fruto inevitablemente al ser animado por Su Espíritu.

Es esta esperanza gozosa de Romanos 5 la que Pablo inserta en nuestra búsqueda del amor verdadero en Romanos 12. Pero mientras

7 La razón por la que debemos leer Rom. 12 a la luz de Rom. 5 no es tanto léxica como temática. Es decir, la palabra traducida «gozosos» en Rom. 12:12 no es la misma en el original que la palabra traducida «gloriamos» en Rom. 5:2 (aunque las dos están muy relacionadas). Sin embargo, los pasajes están vinculados por temas de esperanza gozosa, seguida de sufrimiento paciente.

que el contexto de Romanos 5 es tu salvación como individuo, el contexto de Romanos 12 es el amor juntos como iglesia. Como tal, en Romanos 12 Pablo te está diciendo que no solo te regocijes de que Dios será glorificado en tu vida; regocíjate en la esperanza de que Dios será glorificado en sus vidas, las vidas de tus hermanos y hermanas en la iglesia. Juntando Romanos 5 y 12 tenemos algo así como: «Alégrate en la esperanza de que Dios está mostrando Su gloria a través de nuestra vida en común».

LA ESPERANZA GENERA AFECTO

Esta esperanza es la que genera el amor del que Pablo acaba de hablar en Romanos 12:10 («Amaos los unos a los otros con amor fraternal»). Consideremos como ejemplo el amor que Pablo describe en Filipenses 1:8, cuando escribe: «os amo a todos vosotros con el entrañable amor de Jesucristo». ¿Cómo experimentamos el mismo amor que tiene Jesús por nuestros compañeros de iglesia? Viendo en ellos lo que Jesús ve; es decir, un reflejo de *Su* gloria que aumenta en belleza a medida que se parecen a Él.[8] Aprende a alegrarte de que el mayor bien imaginable está teniendo lugar en las vidas de otros en tu iglesia, que a través de sus vidas la gloria de Jesús está siendo revelada.

De principio a fin, la historia de nuestro mundo caído ha difamado el carácter de nuestro Dios bueno y misericordioso. Ha dicho que Sus promesas de justicia son imposibles, que Su afirmación de soberanía es una mentira, que Sus pretensiones de ser bueno son infundadas y que no se puede confiar en Su autoridad. Todos los

8 Del mismo modo, en Juan 15:9-12 Jesús dice que a medida que obedezcamos Su mandato de amarnos unos a otros como reflejo de Su amor por nosotros (que a su vez refleja el amor de Su Padre por Él), el gozo que Él tiene por nosotros se convertirá en el nuestro.

pecados cometidos se suman a este cúmulo de falsedades sobre Aquel que es perfecto y hermoso. Sin embargo, a través de tu fe y de la fe de los demás en tu iglesia —incluyendo a los que luchas por amar— Dios está desmantelando esta red de calumnias para que podamos verlo por la gloria de lo que realmente es. Aprende a amar los destellos de la gloria de Jesús que ves en tu iglesia, confiando en que hay más que aún no puedes ver, y aprenderás a amar a tus hermanos y hermanas con el amor de Cristo.

Esto significa que en la Iglesia encontramos gozo —y amor— en lo que aún no existe. Lo encontramos en la *esperanza* de lo que Dios está haciendo.[9] Veo un poco de esto en el amor que siento por mis hijos. Supongamos que uno de mis hijos se esfuerza al máximo por hacer algo amable y considerado por un hermano. El amor que siento por ese acto de amor no es una creencia ingenua de que, a partir de ahora, mi hijo solo será amable y atento. Ni mucho menos. Sin embargo, hay un verdadero gozo en esa visión esperanzada del hombre o la mujer piadosos en los que ruego que se convierta. De la misma manera, hay un gozo real cuando vemos la gloria de Dios que comienza a brillar en los que nos rodean en la iglesia, incluso si es pequeña. Eso es un gozo alimentado por la esperanza.

Un impedimento significativo para el amor verdadero por otros en tu iglesia es lo malo que ves en sus corazones. Son orgullosos, detestables, egoístas, iracundos y perezosos. Sin embargo, nuestros hijos pueden ser orgullosos, detestables, egoístas, enojones y perezosos, y aun así los amamos. Obviamente, el carácter malo no tiene por qué sofocar el amor verdadero (¡lo cual es una buena noticia para

9 Esto es lo que impulsaba el amor de la iglesia de Colosas: «del amor que tenéis a todos los santos, *a causa* de la esperanza que os está guardada en los cielos» (Col. 1:4-5).

nuestros corazones malos!). Por eso la esperanza es tan poderosa. No es la esperanza de que sus corazones pronto serán menos malos. Es la esperanza de que incluso a través de esa maldad de corazón Dios está pintando un retrato impresionante de *Su* gloria. Y en Su gran revelación, el asombrado coro del cielo se deleitará con un nuevo grado de asombro ante las perfecciones de nuestro Dios.

Hace años, un hombre de mi iglesia me parecía particularmente odioso y grosero. Gabriel parecía desvivirse por encontrarme defectos, y a menudo expresaba sus críticas a los demás.[10] Sentí que estaba exhibiendo mucho del poder del Espíritu simplemente para poder tolerarlo. Entonces llegó el día en que pasó apuros. Tuvo problemas económicos y coordiné ayuda de la congregación. Su matrimonio pasaba por un mal momento, y yo estaba al frente del asunto. ¿Y saben qué? Empecé a ver su fe de una manera que nunca antes había visto. Empecé a ver cómo, por fe, luchaba realmente contra lo que yo le había reprochado en el pasado, aunque no pudiera percibir un progreso sustancial. Empecé a ver cuánta fe necesitaba para recibir mis cuidados, mucha más de la que necesitaba para que yo se los proporcionara. Vi en él una humildad que nunca antes había percibido. Al principio, eso no significó gran cosa. Después de todo, seguía siendo Gabriel, crítico y odioso. Pero a medida que llegué a apreciar su fe y consideré lo que Dios estaba haciendo a través de ella, algo nuevo comenzó a crecer en mi corazón. Era esperanza. Mis pensamientos sobre él pasaron del temor (¿Qué va a hacer Gabriel esta vez?) a la esperanza (¿Qué está haciendo Dios en Gabriel?). En

10 Por razones que puedes imaginar, este es un retrato muy disfrazado de algo que he experimentado varias veces. Al menos en el momento en que estoy escribiendo esto, no hay nadie en mi iglesia llamado Gabriel.

esa esperanza vino el verdadero gozo por la mano de Dios en la vida de Gabriel. Y en ese gozo creció un amor verdadero por él que sinceramente puedo decir que nunca esperé experimentar.

Así que, en esa persona que discrepa contigo con tanta vehemencia, ¿ves un compromiso de conciencia que nunca tuvo antes de venir a Cristo? Eso es una señal esperanzadora de la gloria de Jesús. En esa persona que tiene ideas terriblemente equivocadas sobre cómo debería responder tu iglesia a la crisis social del momento, ¿ves un deseo de que Cristo sea honrado? Eso es un indicio esperanzador de la gloria de Jesús. ¿Qué hay de esa persona que colecciona teorías conspirativas como si fueran tesoros enterrados? ¿Ves su creciente deseo de tener en cuenta a los demás cuando habla? Eso es una señal esperanzadora de la gloria de Jesús.

Por supuesto, como el arte moderno o el golf, esta esperanza es un gusto adquirido. Está lejos de la mentalidad consumista habitual de «¿Qué gano yo con esto?». Creceremos en esta esperanza que produce amor a medida que nos acostumbremos a mantener un ojo en donde están estas personas hoy y otro en lo que se están convirtiendo. Es decir, un ojo enfocado en las evidencias de la gracia de Dios que podemos ver ahora mismo, mientras que el otro ojo mira hacia adelante con esperanza en la gloria de Dios que sabemos que un día será revelada en ellos.

Pero, ¿y si no podemos ver *ninguna* evidencia de la gracia de Dios en «esas personas»? Eso nos lleva a la siguiente frase de la tríada de Pablo.

«Sufridos en la tribulación»

Esta segunda frase de Romanos 12:12 también nos recuerda Romanos 5, donde Pablo dice que nos regocijemos no solo en la esperanza de la gloria de Dios, sino también en los sufrimientos (5:3). ¿Por qué *alegrarse* en los sufrimientos? Porque el sufrimiento conduce a la resistencia, que a su vez conduce al carácter, que a su vez conduce a la esperanza (Rom. 5:3-4). En la esperanza te alegras de que, en el último día, Dios será mejor conocido y disfrutado gracias a esta dura providencia por la que has pasado. Pedro dice que «sometida a prueba vuestra fe, mucho más preciosa que el oro, el cual aunque perecedero se prueba con fuego, sea hallada en alabanza, gloria y honra cuando sea manifestado Jesucristo» (1 Ped. 1:7). El sufrimiento es un escenario preparado para el mayor de los bienes: la demostración de la belleza y la gloria de Dios.

Como tal, el mandato de Pablo en Romanos 12:12 de ser «sufridos en la tribulación» se desprende del mandato que le precede: «gozosos en la esperanza». Alégrate en la esperanza de que Dios *tendrá* éxito en Su búsqueda de glorificarse a sí mismo en tu vida, y serás paciente incluso en tiempos de tribulación.

En Romanos 5, no parece que Pablo tenga en mente ningún sufrimiento en particular. Pero aquí, en Romanos 12, en el más relacional de los capítulos, debemos considerar cómo podemos ser pacientes en las tribulaciones causadas por nuestra vida *en común*. Ten paciencia en las tribulaciones que causen nuestros hermanos y hermanas. Y sé paciente en las tribulaciones que debes atravesar con ellos.

A menudo, cuando consideramos las fallas y debilidades de los que nos rodean, «esperanza» para nuestros impacientes corazones significa «esperanza de cambio»; es decir, esperanza de que Dios los cambie pronto para que no sean tan difíciles. Pero la enseñanza de Pablo aquí en Romanos 12 significa que tu amor puede basarse en una esperanza más fuerte que la esperanza de cambio. Si todo lo que alimenta tu paciencia con las personas difíciles es la esperanza de que Dios las cambiará en esta vida, entonces a menudo te decepcionarás, porque Dios no promete el cambio según tu calendario. Por supuesto, Dios es totalmente capaz de tronar los dedos (metafóricamente) para arreglar lo que te molesta de otra persona. Él puede... pero se demora. ¿Por qué? Porque tiene algo mejor en mente. Confía en Dios, que incluso en la debilidad y dificultad de los demás, está pintando un magnífico retrato de Su gloria, y ora para que la esperanza en Sus grandes propósitos traiga amor y paciencia. La esperanza en los propósitos de Dios es una base mucho más sólida para el amor paciente que la esperanza en el cambio.

Como señalé antes, estas dos frases —«gozosos en la esperanza» y «sufridos en la tribulación»— están estrechamente ligadas a la esperanza en la gloria de Dios. Cuando vemos destellos de esa gloria en quienes nos rodean, la esperanza produce gozo. Cuando no, la esperanza produce paciencia. Si quieres construir amistades genuinas con otros en tu iglesia, tu amor debe mirar más allá de ellos. En su lugar, busca la esperanza de lo que *Cristo* está haciendo en ellos. En este sentido, Timoteo es nuestro modelo. Pablo lo describe así en Filipenses 2:20-21: «pues a ninguno tengo del mismo ánimo, y que tan sinceramente se interese por vosotros. Porque todos buscan lo suyo propio, no lo que es de Cristo Jesús». Entrena tus afectos en los intereses de Jesucristo —que Él sea glorificado— y en la esperanza cierta de que Él está logrando este gran fin a través de quienes te rodean en la iglesia, y crecerás hacia el amor verdadero.

«Constantes en la oración»

Nada de lo que he descrito en este capítulo es fácil de hacer. No es de extrañar, pues, que Pablo termine esta tríada con un llamado a la oración. Pero no a cualquier oración. Oración constante, devota, persistente. Como Charles Spurgeon describió la prescripción de Pablo de gozo y paciencia en este pasaje: «ninguno de estos remedios puede ser tomado en el alma a menos que sean mezclados con un trago de oración. La alegría y la paciencia son esencias curativas, pero deben echarse en un vaso lleno de súplica, y entonces serán maravillosamente eficaces».[11] ¿Por qué debemos orar? Aquí algunas sugerencias de este pasaje para tu vida de oración:

- Ora para que Dios obre en tu corazón de modo que tu amor por los demás sea cada vez más genuino: amor afectuoso, amor que honra, amor celoso.
- Ora para que tu gozo en Cristo genere amor por Sus hijos.
- Ora para que con el tiempo encuentres cada vez más gozo en la esperanza de que Dios será glorificado algún día a través de la obra que ha hecho en tu corazón.
- Ora para que aquellos a quienes te resulta difícil amar también descubran el gozo que viene de esperar en la certeza de la obra de Dios en ti.
- Ora para que confíes en los buenos propósitos que Dios tiene en mente cuando retrasa la resolución del sufrimiento en tu vida y en la de los demás.
- Ora para que Dios haga fructificar las cosas buenas que tiene en mente en esos retrasos.
- Ora para que crezca tu paciencia a través de tu esperanza en la gloria de Dios.

11 Charles Spurgeon, «*Constant, Instant, Expectant*», vol. 25, *Metropolitan Tabernacle Pulpit*, predicado el 22 de junio de 1879, The Spurgeon Center, www.spurgeon.org.

- Ora para que tu comunidad eclesiástica también se caracterice cada vez más por estas cosas.

Por supuesto, una de las oraciones más unificadoras es la oración *por* los que te vuelven loco. Aquí el consejo de John Newton es apto: «En cuanto a tu oponente, deseo que, antes de que pongas la pluma sobre el papel contra él... lo encomiendes por medio de la oración ferviente a la enseñanza y bendición del Señor. Esta práctica tendrá una tendencia directa a conciliar tu corazón para amarlo y compadecerlo; y tal disposición tendrá una buena influencia sobre cada página que escribas».[12]

La obra del amor genuino

Tal vez te sorprenda que este capítulo esté a punto de terminar, y que todavía no haya hablado de lo que Pablo dice acerca de cómo se verá realmente este amor verdadero. Esto se debe a que la verdadera batalla está en nuestra mentalidad. Pero con la mentalidad correcta en su lugar, estamos listos para los mandamientos de Pablo en Romanos 12:13-16, donde nos llama a renunciar a nosotros mismos por el bien de nuestros hermanos y hermanas. Debemos renunciar a nuestro dinero por ellos: «compartiendo para las necesidades de los santos». Debemos renunciar a nuestros derechos por ellos: «Bendecid a los que os persiguen».[13] Debemos renunciar a nuestra privacidad por

12 John Newton, *The Works of John Newton* (Carlisle PA: Banner of Truth, 2015), 1:269.

13 Muchos se han preguntado por qué un mandamiento que parece referirse a los de fuera se incluye en una lista de mandamientos que parecen más aplicables dentro de la comunidad de fe. En consecuencia, algunos han interpretado que los vv. 14-16 se refieren a los perseguidores de fuera de la Iglesia. Otros han interpretado esta «persecución» como un maltrato dentro de la iglesia. Lo que está claro es que, al igual que en la enseñanza de

ellos: «practicando la hospitalidad». Debemos invertir nuestro corazón en ellos para alegrarnos cuando ellos se alegran y llorar cuando ellos lloran. Debemos dar nuestra reputación, asociándonos con los que otros podrían considerar «humildes» e inferiores a nosotros.

El verdadero valor de estos actos de servicio es lo que proclaman sobre Dios. Al fin y al cabo, Dios no necesita nuestro dinero. Él es dueño de «millares de animales en los collados» (Sal. 50:10). No necesita tu casa; está construyendo moradas en el cielo (Juan 14:2). No necesita tu corazón; ¡el suyo es mucho mejor! Y por muy importante que te parezca renunciar a tus derechos o relacionarte con quienes la sociedad cree que están por debajo de ti, no es nada comparado con Jesús, que —por ti— dejó la gloria del cielo por un humilde establo.

Dios no necesita tus actos de servicio, pero lo deleitan cuando muestran el milagro que ha obrado en tu corazón. A medida que la esperanza de lo que Dios está haciendo crea amor verdadero en tu corazón, tu amor por aquellos que no son fáciles de amar demostrará Su gloria de una manera profunda.

El camino de Pablo hacia el amor genuino

En Romanos 12:1-16, Pablo describe un camino que podemos recorrer desde evitar a «esas» personas, pasando por tolerarlas, hasta llegar al amor verdadero. Comienza con el asombro ante la misericordia de Dios para que podamos amar con la fuerza divina (Rom. 12:1). Nos ayuda a ver que la reputación de Cristo descansa sobre aquellos a quienes tenemos la tentación de despreciar (12:2). Despeja las

---

Jesús en Luc. 6:27-28, de la que se hace eco este mandamiento, Pablo nos recuerda que seguir a Jesús a menudo implica renunciar a nuestros derechos.

telarañas del orgullo, confiando en que necesitamos a todos los que Dios ha puesto en nuestras iglesias (12:3). Más allá de eso, demuestra que les pertenecemos, y por eso son dignos de nuestro amor (12:4-8). Este amor verdadero (12:9) —este amor honroso, afectuoso y celoso (12:10-11)— surge cuando no ponemos nuestra mente en nuestros hermanos y hermanas, sino en nuestra esperanza de que Dios está revelando Su gloria a través de ellos (12:12). Surge como respuesta a la oración (Rom. 12:12). Y llega cuando damos un paso adelante en el amor (12:13-16). Todo esto es cierto en el caso de quienes no son fáciles de amar y, a través de nuestro amor genuino por *ellos*, Dios obtiene una gloria especial.

Pero, ¿y si las personas «no son fáciles de amar» no solo porque son difíciles, sino porque te han hecho daño? ¿Y si no son «fáciles de amar» porque ni siquiera están de acuerdo contigo en que algo está mal? Es entonces, cuando el amor verdadero parece estar en peligro, que es a donde Pablo nos lleva a continuación.

Preguntas para la reflexión y la discusión

1. ¿Cuál de los mandamientos de Pablo en Romanos 12:9-16 te parece intimidante?

2. ¿De qué manera la esperanza en los propósitos de Dios para otros en tu iglesia debería cambiar el porqué y el cómo los amas?

3. ¿Cuál es la diferencia entre esperar que Dios cambie a las personas (en esta vida) y esperar en Sus propósitos para ellas?

Motivos de oración

- Ora para que tu amor en la iglesia sea cada vez más genuino en todas las formas que Pablo describe.
- Ora para que tu congregación se caracterice por un amor afectuoso, honorable y celoso.
- Ora para que los líderes de tu iglesia sean ejemplos dignos de este amor verdadero.

6

¿Cómo puedo perdonar *realmente* a «esas» personas?

Verdad 6: La justicia divina hace posible el perdón pleno

No paguéis a nadie mal por mal; procurad lo bueno delante de todos los hombres. Si es posible, en cuanto dependa de vosotros, estad en paz con todos los hombres. No os venguéis vosotros mismos, amados míos, sino dejad lugar a la ira de Dios; porque escrito está: Mía es la venganza, yo pagaré, dice el Señor.

ROMANOS 12:17-19

Cuando el perdón parece fallar

La gente de tu iglesia a veces pecará contra ti, y tu deber cristiano es perdonar. Como ordena Jesús en Lucas 6:37: «perdonad, y seréis perdonados». Sin embargo, con frecuencia, parece que la amargura, la ira y el resentimiento persisten incluso después de serios intentos de perdonar. Por ejemplo, has perdonado de corazón a alguien de tu iglesia que pecó contra ti, pero años después la relación no se ha recuperado. O has perdonado, pero en tu corazón siguen los pensamientos de ira cuando ves a esa persona. Si nuestro objetivo es vivir «unánimes entre vosotros» (Rom. 12:16), entonces el fracaso del perdón para asegurar la paz y la armonía legítimas es un verdadero problema. Después de todo, la paz a la que Pablo nos exhorta es rica y vibrante, no la gélida «paz» que con frecuencia caracteriza las relaciones en la iglesia. De hecho, este problema es frecuente en la iglesia porque es uno de los pocos lugares donde las relaciones son lo suficientemente estrechas como para causar un daño real, pero la comunidad es lo suficientemente grande como para que uno se sienta tentado a «lidiar» con las relaciones tensas simplemente evitándolas.

En un mundo caído, no siempre es posible que el perdón restaure una relación rota. Sin embargo, estoy convencido de que, con frecuencia, la razón por la que el perdón no asegura la paz en las relaciones no es porque la reconciliación sea imposible, sino porque el «perdón» que se ofrece no es un perdón pleno. No es un perdón pleno porque no ha abordado adecuadamente la injusticia del perdón. Y no ha lidiado adecuadamente con la injusticia del perdón porque no ha interiorizado suficientemente la justicia de Dios. Este es el argumento que expondré en este capítulo, basándome en la enseñanza de Jesús sobre amar a nuestros enemigos en Lucas 6 y el comentario de Pablo sobre esa enseñanza en Romanos 12. Lo ilustraré con un desafortunado episodio en las vidas de Sam y Héctor.

Una dolorosa traición

Hector estaba devastado. Acababa de hablar por teléfono con Sam, un anciano de su iglesia que había sido su mentor durante años.

Sam le dijo a Héctor que lo habían atrapado robando dinero en el trabajo —un complicado plan valorado en decenas de miles de dólares— y que se declararía culpable de un delito grave. Es más, como era anciano, lo confesaría a toda la iglesia el domingo y dimitiría como anciano. Héctor no estaba preparado para nada de esto. ¿No era Sam quien siempre recitaba ese versículo de Proverbios 10: «El que camina en integridad anda confiado; mas el que pervierte sus caminos será quebrantado» (v. 9)? ¿Cómo pudo haber hecho esto?

Héctor estaba enfadado. Se sintió traicionado. Era como si una trampa se hubiera abierto bajo sus pies. Después de todo, si no podía confiar en Sam, ¿qué pasaba con todo lo que Sam le había enseñado? Se sintió avergonzado. Avergonzado por Sam, sin duda, pero también avergonzado por sí mismo, como alguien muy conocido en la iglesia por admirar a Sam. ¿No se daba cuenta Sam de que su pecado afectaba a más personas que solo a él?

Pero fue la pregunta que Sam hizo al final de la conversación lo que realmente sorprendió a Héctor. «Mira, siento todo esto. Sé que he traicionado tu confianza. ¿Me perdonas?».

Con el cerebro algo entumecido, Héctor trastabilló por un momento. «Sí… por supuesto que te perdono». Parecía lo único apropiado. Pero, ¿qué significaban exactamente esas palabras?

Qué implica el perdón

Probablemente has estado alguna vez en el lugar de Héctor. Alguien en la iglesia peca contra ti, y duele. Realmente duele. Como seguidor de Jesús, sabes que debes perdonar. Citando de nuevo a Jesús: «perdonad, y seréis perdonados» (Luc. 6:37). Entonces, según las Escrituras, ¿qué significaría para Héctor perdonar a Sam? Para responder a esa pregunta, volvamos a la enseñanza de Jesús en Lucas 6 sobre amar a nuestros enemigos. Justo antes de Su advertencia a perdonar en el versículo 37, ofrece estas famosas palabras:

> Pero a vosotros los que oís, os digo: Amad a vuestros enemigos, haced bien a los que os aborrecen; bendecid a los que os maldicen, y orad por los que os calumnian. Al que te hiera en una mejilla, preséntale también la otra; y al que te quite la capa, ni aun la túnica le niegues (Luc. 6:27-29).

La enseñanza de Jesús aquí implica tres compromisos. Cuando nos hieran la mejilla, no debemos devolver el golpe. Es decir, nos comprometemos a no castigar. Tampoco debemos alejarnos como si nada hubiera pasado. Es decir, nos comprometemos a no fingir. En lugar de eso, ponemos la otra mejilla. Nos comprometemos a hacer exactamente lo contrario de lo que demandaría la justicia. Repasemos cada uno de estos compromisos y el comentario de Pablo sobre ellos en Romanos 12. Al hacerlo, veremos cómo la justicia de Dios permite un perdón pleno que trasciende radicalmente nuestras percepciones de la justicia y, como tal, tiene un poder radical para restaurar la paz.

Compromiso 1: El perdón no castiga

Romanos 12:17 hace eco de la enseñanza de Jesús: «No paguéis a nadie mal por mal; procurad lo bueno delante de todos los hombres». A veces es más fácil decirlo que hacerlo; el deseo de castigar amenaza nuestros esfuerzos por perdonar, por infantil que parezca. Si alguien te critica delante de los demás, le devuelves el ataque. O, si eres más pasivo-agresivo, puedes responder difamando: «No te *creerías* lo que me ha dicho Ana». O bien lo castigas permitiendo que un silencio helado se instale en la relación.

Este fue sin duda el primer impulso pecaminoso de Héctor en cuanto terminó la llamada. Quería llamar a otra persona de la iglesia para hablar de lo que Sam había hecho. Se imaginó a sí mismo estallando de ira contra Sam. Héctor pensó (con cierto grado de satisfacción pecaminosa) en el dolor que Sam sentiría cuando se diera cuenta de lo que su pecado le había hecho a su amistad.

Pero ya sea mediante el ataque, la calumnia o el silencio, el castigo está mal porque se apodera de una herramienta que no nos corresponde manejar. Este es el punto de Pablo al final de Romanos 12. Se podría pensar en estos versículos como el fundamento teológico de la enseñanza de Jesús de amar a nuestros enemigos (incluso a los de la iglesia, que a veces pueden *sentirse* como enemigos). Pablo repite la advertencia de Jesús (Rom. 12:14,17), y luego pasa a explicar *cómo* podemos amar así. ¿Cómo puede Héctor abstenerse de castigar a Sam en sus pensamientos, palabras o acciones?

La justicia de Dios es necesaria para el perdón pleno

El principio que Pablo expone es desconcertante al principio; parece tan duro que nos avergonzaría admitir que está detrás de nuestros actos de perdón. Sin embargo, aquí está: «Mía es la venganza, yo pagaré, dice el Señor» (Rom. 12:19).

El perdón no puede ser despectivo con la justicia. Solo gracias al compromiso de Dios con la justicia podemos amar a nuestros enemigos (Luc. 6:35) y perdonarlos (6:37). Si queremos escapar al deseo de castigar (que, para las criaturas morales que valoran la justicia, es un deseo comprensible), debemos encomendarnos deliberadamente al Dios que vengará todo mal.

Afortunadamente, ahí se dirigieron los pensamientos de Héctor. Consideró el ejemplo de Jesús en 1 Pedro 2:23: «quien cuando le maldecían, no respondía con maldición; cuando padecía, no amenazaba, sino encomendaba la causa al que juzga justamente». El perdón no dice: «Este pecado no necesita castigo». Más bien, el perdón dice: «Porque Dios castiga, a mí no me corresponde castigar». Esto significa que perdonar es mirar hacia atrás, hacia la justicia pasada, o hacia adelante, hacia la justicia futura. Cuando perdonamos a alguien que, como cristiano, ha sido perdonado por Dios, estamos mirando hacia atrás a la justicia que Dios aseguró en la cruz. Cuando perdonamos a alguien que no está en Cristo, el perdón mira hacia adelante, hacia la justicia que Dios asegurará algún día (esperando, por supuesto, que esta persona se convierta a Cristo). Fortalecido por la promesa de justicia de Dios, el perdón da un giro muy deliberado. Se aparta del lugar de juez para estar con el ofensor en amor. Este cambio viola nuestro sentido de justicia. Y este cambio es crítico: a menos que elijamos deliberadamente aferrarnos a la promesa de justicia de *Dios*, nuestros sinceros intentos de perdón a menudo se derrumbarán bajo el peso de la justicia denegada. Sin la promesa de la justicia de Dios, el perdón no puede ser tan radicalmente injusto como realmente debe ser.

La falsa promesa de la ira

Héctor resolvió abstenerse de castigar en acción, palabra o incluso en pensamiento, una resolución que encontró poder en la promesa de Dios de asegurar la justicia. Después de todo, *Dios* era el que se ocuparía del pecado de Sam. De hecho, como Sam era cristiano, Dios *ya* lo había hecho, en la cruz. Asegurar la justicia no era el trabajo de Héctor. Pero, ¿qué iba a hacer con la ira que aún sentía hacia Sam?

Aquí es donde Héctor —como muchos de nosotros cuando somos agraviados— necesitaba escuchar las palabras de Santiago sobre la ira: «Por esto, mis amados hermanos, todo hombre sea pronto para oír, tardo para hablar, tardo para airarse; porque la ira del hombre no obra la justicia de Dios» (Sant. 1:19-20). La ira *puede* ser beneficiosa, pues proporciona valor para luchar por lo que es justo. Para las criaturas caídas, la ira motiva con frecuencia un deseo erróneo de castigar, razón por la que Santiago nos advierte. Cuando te enfureces, lo único que ven tus amigos es tu ira. Pero lo que *tú* sientes es la injusticia, y tu deseo de justicia. Sin embargo, Santiago te dice que las promesas que hace la ira para garantizar la justicia suelen ser falsas promesas. La respuesta de castigo que fomenta la ira no hará justicia, porque solo Dios puede hacer justicia; «porque la ira del hombre no obra la justicia de Dios» (Sant. 1:20).

Héctor fue sabio al observar su ira, pero también fue sabio al no obedecer a su ira, haciendo lo que le decía que hiciera. Al observar su ira, pudo ver que aún tenía trabajo por hacer para confiar la injusticia de la situación a Dios. Eso era útil. Pero hacía tiempo que había aprendido a ser escéptico a la hora de obedecer a su ira, porque la ira casi siempre promete una justicia que no puede cumplir.

Compromiso 2: El perdón no finge

Sin embargo, Héctor no podía contentarse con abstenerse de castigar. Seguramente el perdón debía tratar de cerrar la herida abierta que ahora lo separaba de Sam. ¿Cómo sucedería eso? Héctor pensó en 1 Corintios 13:5, el amor «no guarda rencor». Tal vez la mejor manera de avanzar sería tratar a Sam como si este pecado nunca hubiera ocurrido. Héctor haría todo lo posible por simplemente borrar todo el asunto de su memoria.

Pero la estrategia de Héctor se describe mejor como fingir que como perdonar. Fingir puede parecer el camino más fácil, y sin duda es socialmente más aceptable que estallar en ira. Pero fingir no es perdonar. Me gusta cómo lo expresa Alasdair Groves: «El corazón del que se retrae para protegerse no es más justo que el del que se compromete con agresividad».[1] Cuando fingimos que no se ha hecho nada malo, nuestros intentos de «perdón» a menudo ceden bajo el peso de la injusticia continua que sentimos.

Con el paso del tiempo, Héctor se dio cuenta de que esa era exactamente su situación. Sentía que se le sonrojaba la cara cuando Sam quería hablar con él. Se encontró a sí mismo dudando de la sinceridad de las palabras de Sam. Fingir que el incidente nunca había ocurrido no funcionaba.

Considera, sin embargo, cuán a menudo *confundimos* fingir con perdonar, incluso en las palabras que usamos para «perdonar». «Oh, no fue nada». «No te preocupes». «No es para tanto». «No pasa nada». Declaraciones como estas niegan la injusticia de la ofensa, lo que a su vez socava la injusticia que requiere el perdón. C. S. Lewis lo expresa bien: «El verdadero perdón significa mirar fijamente el pecado, el pecado que queda sin excusa, después de que se han hecho todas las concesiones, y verlo en todo su horror, suciedad, mezquindad y malicia, y sin embargo reconciliarse totalmente con el hombre que lo ha hecho. Eso, y solo eso, es el perdón».[2]

1 Alasdair Groves y Myriam Hertzog, «*Anger Management*», *Where Life and Scripture Meet*, CCEF, pódcast, 5 de septiembre de 2018, https://www.ccef.org/podcast/.

2 C. S. Lewis, «*On Forgiveness*», *Fern-Seed and Elephants and Other Essays on Christianity*, ed. Walter Hooper (Glasgow: Fount Paperbacks, 1975, 42). Walter Hooper (Glasgow: Fount Paperbacks, 1975), 42.

Si una iglesia ha de reflejar la unidad y la belleza del perfecto carácter de Dios, no podemos conformarnos con el falso perdón de fingir. Y recuerda: el verdadero perdón a menudo nos parecerá injusto porque sustituye el castigo que la justicia exige por la obligación de amar.[3]

Vimos antes que la promesa de venganza de Dios en Romanos 12 nos protege de castigar. También nos protege de fingir. Eso es porque nos recuerda que la justicia importa. Le importa a Dios y debería importarnos a nosotros. Solo cuando miramos a la justicia cara a cara y se la confiamos a Dios podemos abrazar plena y deliberadamente toda la gloriosa *in*justicia del perdón.

El peligro de la amargura

Así es como evitamos la trampa de la amargura. La amargura es el residuo corrosivo que queda cuando sentimos que se nos ha negado la justicia. Sabes que se hizo mal, sabes que no se hizo justicia, tu corazón clama por justicia, y sobreviene la amargura. Para evitar la amargura, el perdón debe aferrarse a la promesa de justicia de Dios. Y debe confiar a Dios no solo las consecuencias judiciales del pecado, sino también sus consecuencias circunstanciales y relacionales. Es decir, debes creer que *toda* dificultad —incluso cada pecado contra ti— forma parte del plan de Dios para hacerte bien (Heb. 12:10-11).

Una conversación dolorosa

Todo esto llegó a un punto crítico un domingo cuando Héctor miró a Sam al otro lado del salón y sintió que sus entrañas hervían.

3 El hecho de que Dios *exija* el perdón (lo que significa que está mal no perdonar) de ninguna manera elimina la forma en que el perdón se percibe como una violación de nuestro sentido de la justicia dado por Dios.

«Si yo fuera un cristiano más maduro, tal vez esto no me molestaría tanto. Pero está claro que me molesta. Necesito hablar con él». Así que Héctor arregló un buen momento para hablar con Sam. Le explicó lo mucho que le había dolido su pecado, la sensación de traición que sentía, la forma en que había desafiado su confianza en los otros ancianos e incluso en Dios. Pero la conversación no fue bien. Al principio, Sam se disculpó. «Sí, sé que te hice daño. Por eso te llamé para decírtelo antes de que se enterara toda la iglesia». Pero a medida que seguían hablando, Sam se volvía menos empático. «Mira, Héctor, siento que te haya hecho daño. Pero ahora tengo cosas más importantes entre manos. He perdido mi trabajo y con esto en mi historial me está costando encontrar otro. Está afectando a mi matrimonio. Siento que ya no tengo amistades de verdad en la iglesia; solo soy el "anciano caído en desgracia". ¿Crees que podrías dejarlo y que lo pasado, pasado está?».

¿Qué debe hacer Héctor ahora?

Compromiso 3: El perdón paga el precio

La situación de Héctor no es inusual. Después de todo, es raro que alguien comprenda realmente la profundidad de su ofensa contra ti. En lugar de ver este obstáculo como el final del perdón, Héctor ahora debe aventurarse más en la injusticia del perdón. Recuerda, esto es lo que Jesús describió. Si alguien te hiere en una mejilla, el castigo sería devolverle el golpe. Fingir sería actuar como si la ofensa no importara. Pero Jesús dice que no hagamos ninguna de las dos cosas. En cambio, nos dice que presentemos «también la otra». En respuesta a la violación de tus derechos, el perdón te haría renunciar a ellos.

Toda ofensa tiene consecuencias. Aunque Jesús pagó el castigo de Sam, las consecuencias temporales de su pecado permanecen, como

Héctor está descubriendo. A veces esas consecuencias son pequeñas. A veces son importantes. El verdadero perdón renuncia a sus derechos y dice: «Iré a tu lado para reparar lo que se ha roto como si fuera culpa mía».

Esto está implícito en el lenguaje que Jesús utiliza para describir el perdón. Piensa por un momento en Su parábola de Mateo 18:21-35 sobre dos siervos que tienen una deuda con su amo. En la historia de Jesús, *el que perdona* es el que paga la deuda. Lo mismo ocurre contigo. Tú, el ofendido, pagas la deuda. No existe el perdón barato. Dejas tu posición frente al ofensor y caminas a su lado. «Voy a trabajar contigo para reconstruir esto, como si este pecado fuera mío». Esto es lo contrario a un falso perdón que dice: «No voy a tener esto en tu contra, pero será mejor que te arrastres de nuevo para recuperar mi gracia». Ken Sande lo expresa muy bien.

> El perdón puede ser una actividad costosa. Cuando se cancela una deuda, no desaparece sin más. Al contrario, absorbes una responsabilidad que otra persona merece pagar. Del mismo modo, el perdón requiere que absorbas ciertos efectos de los pecados de otra persona y liberes a esa persona de la responsabilidad del castigo. Esto es precisamente lo que Cristo hizo en el Calvario.[4]

¿Cuántas veces hemos fallado en dar el perdón pleno porque supusimos que no nos costaría mucho? Incluso el tan repetido consejo de «primero perdónate a ti mismo» revela cómo hemos analizado un concepto que en el fondo es judicial, alimentando nuestra ilusión de que el perdón no cuesta nada.

4 Ken Sande, *The Peacemaker* (Grand Rapids, MI: Baker, 1997), 188.

Entonces, ¿qué significa que el perdón asuma el costo de la ofensa? A veces, especialmente cuando se trata de ofensas menores, esto significa pasar por alto la ofensa. Como dice Proverbios 19:11: «La cordura del hombre detiene su furor, y su honra es pasar por alto la ofensa». Cuando una ofensa no representa un peligro continuo para ti o para el ofensor, y es lo suficientemente pequeña como para que puedas pasarla por alto sin poner en peligro la relación, es tu «honra» pasar por alto una ofensa.

Sin embargo, en el caso de delitos más graves, asumir las consecuencias de la ofensa suele ser más costoso. Esto puede significar asumir los costos tangibles y físicos de un pecado, como pagar la factura de la reparación cuando un amigo ha dañado por descuido algo que le habían prestado. A menudo, el perdón tiene menos que ver con las consecuencias físicas y más con las consecuencias relacionales. Por ejemplo, una ofensa destruye la confianza. La confianza debe reconstruirse. Pero el perdón no se queda atrás, esperando a que el ofensor se gane de nuevo la confianza. Por el contrario, como dice Pablo en Romanos 12:20, se inclina hacia adelante con amor. En el perdón, te pones al lado de esa persona y asumes el riesgo de ayudarle a recuperar tu confianza. O tal vez una ofensa destruye el afecto en tu relación. En lugar de cruzarte de brazos y hacer que te persiga, tú la persigues *a ella*, ofreciéndole el tiempo necesario para reconstruir lo perdido. El perdón acepta las consecuencias de la ofensa como propias, renunciando a tus derechos para restaurar lo perdido. Y el perdón dice: «No me resentiré por asumir esto porque Cristo no se resintió por mí».

El perdón es anti-justo

Sin embargo, se siente injusto, incluso equivocado, responder a la injusticia de esta manera. Cuántas veces has explicado el perdón a un niño solo para escuchar: «¡Pero eso no es justo!». Pues claro. De eso se trata. Sin embargo, hay que señalar que el perdón no es *simplemente* injusto. Después de todo, el perdón parcial que se abstiene de castigar, pero se queda ahí, con los brazos cruzados, negándose a ir más allá, también podría calificarse de injusto, ¿no? El perdón parcial se siente virtuoso porque no le estás dando *todo* el castigo que se merece. Sin embargo, el perdón bíblico va más allá. No solo debemos abstenernos de devolver el golpe; también debemos presentar la otra mejilla. Dar lo contrario de lo que exige la justicia. Llamar a tal perdón «injusto» es quedarse corto. Quizá «anti-justo» capta mejor la gloriosa inversión de la justicia que Jesús describe.

¿Suena esto extremo? Pues debería. ¿Cómo puede un perdón que tiene su raíz en amar incluso a nuestros *enemigos* ser otra cosa que extremo? ¿Cómo podemos perdonar así? ¿Cómo podemos abrazar la ética «anti-justa» del perdón, absorbiendo el costo de la ofensa, de modo que respondamos con amor? En pocas palabras, lo hacemos porque Cristo nos ha perdonado. Como escribe Pablo a los colosenses: «*De la manera que Cristo os perdonó*, así también *hacedlo* vosotros» (3:13). Es la entrega de Cristo lo que completa la inversión «anti-justa» de la justicia que el perdón debe implicar. La realidad de la ira de Dios elimina la venganza de tus manos; la realidad de que la ira de Dios cayó sobre Cristo y no sobre ti la sustituye por la obligación de amar. En ese sentido, debemos recordar que los principios de este libro se apoyan unos en otros, al igual que los de Pablo en el libro de Romanos. No podemos simplemente lanzarnos y esperar reunir este perdón radical e «injusto». Más bien, debemos depender de la misericordia que hemos recibido de Cristo (Rom. 12:1), apreciando *Su* reputación (12:2), abandonando el orgullo que dice que estaríamos mejor sin aquellos que nos ofenden (12:3-8), aferrándonos a la esperanza de lo que Dios está haciendo (12:9-13). Solo entonces podremos abrazar la ética injusta del perdón pleno.

Incluso cuando no «lo entienden»

Sin embargo, hay otra cosa que debemos considerar, otra barrera para restaurar las relaciones rotas en la iglesia. A menudo, los que te han ofendido *no tienen idea* de lo que la ofensa realmente te hizo. Esta es la posición de Héctor, ¿no es así? Frecuentemente, este es el ingrediente que falta y que mantiene un conflicto incluso después de intentos sinceros de perdón. «Simplemente no lo entiende». «No tiene idea de lo que me hizo».

Por cierto, esta es la razón por la que siempre debemos intentar articular el precio de nuestro pecado cuando nos disculpamos. No te limites a decir: «Siento haber hablado a tus espaldas con Joel, fueron chismes; por favor, perdóname». Sin duda, nombrar tu pecado con lenguaje bíblico como «chisme» es un buen y humilde comienzo, pero es insuficiente. En su lugar: «Por favor, perdóname por hablar sobre ti; sé lo mucho que respetas a Joel, y veo cómo mis palabras han dañado tu reputación con él». Explica lo mejor que puedas lo que tu pecado le ha costado a la persona a la que ofendiste, e invítala a completar lo que tú aún no ves.

Sin embargo, por mucho que los ofendidos reconozcan las consecuencias de su pecado, nunca «lo entenderán». Nunca sabrán tan bien como tú lo que te quitaron. Pero *Dios* lo sabe. Y eso es fundamental. Él ha visto todo lo que se hizo. El hecho de que Dios haga justicia por esta ofensa —y más aún, que para el cristiano haga justicia con Su propio Hijo— nos dice que conoce íntimamente el precio del perdón. *Él* «lo entiende».

El perdón parcial se compromete seriamente mientras lucha porque el ofensor «no lo entienda». El perdón completo confía la justicia a Dios, seguro de que sabe exactamente lo que costará el perdón.

Pagar el precio

Héctor luchó con ese pasaje sobre poner la otra mejilla. A veces, las enseñanzas de Jesús parecen tan extremas que es difícil saber qué hacer con ellas. Si te roban el coche, ¿realmente vas a decir: «Espera, déjame dar la vuelta a la esquina para que te lleves mi otro auto también»?[5] Pero esta vez, lo que Jesús dijo realmente resonó en Héctor. Pensó: «Presentar la otra mejilla significa dar al agresor lo contrario de lo que se merece. Perdonar significa dar a Sam lo contrario de lo que se merece. ¿Qué sería eso?».

Las ideas inundaron la cabeza de Héctor. Sam no se merecía la amistad de Héctor, no después de lo que había hecho en el trabajo y mucho menos después de cómo le había respondido a Héctor. Lo contrario de eso sería perseguir a Sam en amistad, si Sam seguía interesado. Sam tampoco merecía la confianza de Héctor. Por supuesto, Héctor no podía simplemente tronar los dedos y empezar a confiar en Sam de nuevo. Pero podía darle a Sam oportunidades para recuperar la confianza. Por último, Sam no merecía el respeto de Héctor. Esta fue quizá la carga más difícil de soportar para Sam, ya que estaba acostumbrado a ser respetado en la iglesia. De nuevo, Héctor no podía simplemente *decidir* respetar a Sam. Pero podía buscar oportunidades para reconstruir ese aspecto de su relación,

5 Debemos entender la enseñanza de Jesús en Luc. 6, que Pablo repite en Rom. 12, a la luz de la enseñanza de Pablo sobre la autoridad ordenada por Dios del gobierno para castigar las malas acciones en Rom. 13.

buscando el consejo de Sam cuando *pudiera* confiar en él. Sobre todo, Héctor podía comprometerse a servir a Sam orando por él con regularidad.

Héctor decidió amar a Sam de esta manera, tratando de abrazar la ética injusta del perdón. Ojalá pudiera darte un final feliz, en el que Sam volviera a ministrar a Héctor como solía hacerlo y Héctor y Sam fueran los mejores amigos. Lamentablemente, en un mundo caído las cosas rara vez funcionan así. Pero incluso en las historias con finales imperfectos, el amor que describen Pablo y Jesús ablanda los corazones enfadados. Héctor se ha propuesto orar regularmente por Sam, y su corazón ha cambiado hacia su hermano en Cristo. Ha empezado a darse cuenta de que parte de su ira se debía a que no se había acercado a Sam con la gracia que había recibido de Cristo. Y Sam ha apreciado las invitaciones periódicas de Héctor para desayunar en una cafetería local y sus mensajes de texto preguntando cómo puede orar. Puede que Sam y Héctor nunca estén de acuerdo en el daño que el pecado de Sam le hizo a Héctor, pero eso no significa necesariamente que el perdón total no pueda crear una paz entre ellos que sea real, vibrante y rica. La reconciliación no siempre es posible; Dios nunca hace esa promesa. Pero a menudo nos conformamos con algo mucho menor, pensando que es lo mejor que podemos hacer, cuando en realidad lo que llamamos «perdón» no ha abrazado la ética anti-justa del amor cristiano.

Nuestro perdón refleja el perdón de Cristo

El perdón es una forma significativa en la que nuestras relaciones en la iglesia reflejan la gloria de Dios. Esa es la razón que dio Jesús cuando nos dijo que amáramos a nuestros enemigos en Lucas 6:35-36:

> «Amad, pues, a vuestros enemigos, y haced bien, y prestad, no esperando de ello nada; y será vuestro galardón grande [Dios ve lo que esto les está costando, y no lo olvidará], y seréis hijos del Altísimo [como hijo que representa a su Padre, están haciendo gala de su generoso amor por nosotros]; porque él es benigno para con los ingratos y malos [recuerden, esos eran ustedes]. Sed, pues, misericordiosos, como también vuestro Padre es misericordioso».

Tu iglesia fue diseñada para reflejar el carácter perfecto de Jesús, así que puedes sentir placer sabiendo que tu perdón está demostrando la profundidad del suyo.

¿Tus intentos de perdonar no consiguen asegurar la paz? Entonces, en oración, analiza estas cuatro preguntas. (1) ¿Ha dejado tu perdón atrás todo deseo de castigar? (2) ¿Has fingido que no se cometió ninguna ofensa en lugar de hacer el duro trabajo de perdonar? (3) Al perdonar, ¿te has comprometido a asumir las consecuencias de la ofensa? (4) ¿Te has esforzado por perseguir al ofensor con amor? Confía la justicia a Dios para que, lejos de dejarte vencer por el mal, venzas con el bien el mal (Rom. 12:21).

A medida que avanzamos en el estudio de Romanos 12, nos damos cuenta de que las situaciones que Pablo aborda van adquiriendo una mayor carga moral. La primera vez que abordó el tema del bien y el mal fue en Romanos 12:9, cuando se refirió al mal del amor hipócrita. En Romanos 12:14, describió cómo debemos responder cuando somos agraviados («Bendecid a los que os persiguen»). Y ahora, en estos versículos finales de Romanos 12, el lenguaje moral se despliega por completo cuando Pablo nos señala la venganza de Dios. Esto es significativo. El amor ya es bastante difícil cuando lo que está en juego son simplemente nuestras preferencias y opiniones.

Pero cuando entran en juego el bien y el mal, el amor alcanza un nuevo grado de dificultad. Eso nos obliga a profundizar en la justicia de Dios, un atributo que no consideramos frecuentemente. Pero Pablo nos pone otro obstáculo. ¿Y si ni siquiera podemos ponernos de acuerdo con los demás sobre *si* algo está mal? Esto nos lleva a dos verdades finales que debemos considerar si queremos amar a los que nos vuelven locos.

Preguntas para la reflexión y la discusión

1. ¿En qué trampas tropiezas más a menudo: en tratar de castigar a los que te han hecho daño, en intentar fingir que no te han hecho daño, o en otra cosa?

2. ¿Por qué es importante que nuestro perdón no sea solo *in*justo sino *anti*-justo?

3. ¿Qué hace bien tu iglesia a la hora de perdonar? ¿Dónde tiene dificultades?

Motivos de oración

- Ora para que reconozcas dónde tus intentos de perdonar no están a la altura de lo que las Escrituras te llaman a hacer.
- Ora para que tu congregación se caracterice por el perdón que refleja el perdón que han recibido por medio de Cristo.
- Ora para que los líderes de tu iglesia sean rápidos en perdonarse unos a otros.

7

¿Cómo puedo dejar de juzgar y menospreciar a «esas» personas?

Verdad 7: Las personas que te desagradan a menudo actúan con fe

El que hace caso del día, lo hace para el Señor; y el que no hace caso del día, para el Señor no lo hace. El que come, para el Señor come, porque da gracias a Dios; y el que no come, para el Señor no come, y da gracias a Dios. Porque ninguno de nosotros vive para sí, y ninguno muere para sí.

ROMANOS 14:6-7

Desacuerdo sobre el bien y el mal

Para Graciela, la pandemia fue desgarradora. Fue un inconveniente, por cierto, con cierres, restricciones y planes cancelados. Además, como ciudadana con conciencia social, fue un reto ver cómo muchos de sus vecinos hacían caso omiso de las restricciones sanitarias que ella consideraba perfectamente razonables. Pero, sobre todo, fue angustioso para ella como cristiana, porque las opiniones que despreciaba en la sociedad también estaban presentes en su iglesia. ¿Cómo podía ir a la iglesia con gente que no se tomaba en serio la pandemia? Para Graciela, la iglesia se convirtió en un lugar sumamente difícil. De hecho, lejos de ser un momento de adoración, los domingos por la mañana se convertían cada vez más en un momento para enfadarse, rumiando sobre la persona a su izquierda que estaba desobedeciendo la orden del gobierno sobre el cubrebocas, o la persona delante de ella que le había dicho que todo era un engaño.

El reto para Graciela no era simplemente el hecho de estar en desacuerdo con otros miembros de su iglesia. Era la dimensión moral de este desacuerdo. Los pensamientos que la atacaban los domingos por la mañana no eran simplemente: «Oye, me gustaría que te pusieras un cubrebocas», sino «Lo que estás haciendo está *mal.* ¿Cómo puedes comportarte así y afirmar que sigues a Cristo?». Todo esto era terreno fértil para sentimientos de juicio, desprecio e incluso aversión en su corazón. Y esto puso a Graciela en un territorio espiritual peligroso.

Lamentablemente, todo esto se volvió mucho más desafiante —y más real— la mañana en que fue despertada por una llamada frenética de su madre. Su querido tío, con quien había ido de excursión apenas dos semanas antes, estaba en la unidad de cuidados intensivos con el virus, luchando por su vida.

Ponte en su lugar. ¿Qué haces cuando las mismas ideas que han dañado a tus seres queridos son abrazadas por algunos miembros de tu iglesia? Las ideas tienen consecuencias, una realidad que amplifica las cuestiones morales en juego y crea las condiciones perfectas para la división en una iglesia. Pierdes tu trabajo por no ceder a la agenda transgénero, mientras que algunos en tu iglesia menosprecian tus preocupaciones calificándolas de «guerras culturales» innecesarias. Tu familia salió de la pobreza gracias a la legislación sobre derechos civiles, mientras que algunos en tu iglesia enseñan a sus hijos que todo el movimiento no fue más que una toma de poder de la izquierda.

Por supuesto, la idea de que no estamos de acuerdo con otros en la iglesia sobre lo que está bien y lo que está mal no es nada nuevo. Después de haber escrito en Romanos 12 sobre el amor sacrificial dentro de la iglesia, y de haber dado un breve rodeo para abordar algunas cuestiones relacionadas con el gobierno, Pablo se vuelve en Romanos 14 para abordar esta dimensión moral del desacuerdo. Ahí nos advierte de dos pecados que pueden surgir en medio de un conflicto de convicción.

El primero es *despreciar* a otros cristianos por sus convicciones. En Romanos 14, este es el pecado de los más permisivos. Al abordar la cuestión de si se permite a los cristianos comer ciertos alimentos, Pablo escribe que el que come «no menosprecie al que no come» (14:3). Despreciarse unos a otros no tiene cabida en la Iglesia de Dios. Incluso si tu posición es correcta.

El segundo pecado es *juzgarse* unos a otros. Es decir, declarar culpable a alguien por acciones que no son demostrablemente pecaminosas, ya sea porque son pecados del corazón (como el orgullo) o acciones que las Escrituras no condenan explícitamente (como beber vino). Somos muy buenos juzgando a los demás, ¿verdad? No hay más que echar un vistazo a las redes sociales (o a los mensajes de texto de tu teléfono) para ver mil variantes de la frase: «¿Cómo *pudieron*?». La indignación se siente tan bien. La furia parece justa. Sin embargo, en asuntos en los que los cristianos pueden legítimamente estar en desacuerdo, dice Pablo, cualquier juicio que aleje a otros no tiene lugar en la Iglesia de Dios. Incluso si tu posición es correcta.

Considera estas cuatro preguntas de esta sección de Romanos para revelar cuándo estás juzgando erróneamente o despreciando a otros.

1. ¿Desprecias a esta persona? ¿Se ha vuelto difícil honrar a esta persona en tus palabras y acciones como Pablo ordena en Romanos 12:10?
2. ¿Te encuentras *dando por sentado* que los motivos de alguien son impíos? Ese es el corazón del juzgar (14:3-4).
3. ¿Te preocupas más por ganar el desacuerdo que por el bien de la persona que está en desacuerdo contigo? (14:20-22).
4. ¿Encuentras que tu afecto por esta persona se ha dañado (Rom. 12:10)? La disminución del afecto suele ser la primera señal de que algo anda mal en tu corazón.

Las diferencias de convicción no necesariamente dañan la unidad de la iglesia. Pero juzgar y despreciar sí. Es revelador que Pablo describa lo contrario de despreciar y juzgar: «recibir» a aquellos con los que no estamos de acuerdo (14:1; 15:7), lo que revela las consecuencias relacionales de estos pecados. Juzgar y despreciar nos distancian unos de otros por la percepción de inferioridad; recibir nos lleva a la amistad por la comunión en Cristo.

Atrapados en la trampa

Sin embargo, en cuanto a abandonar estas actitudes, es más fácil decirlo que hacerlo. Juzgar y despreciar son pecados del corazón. No puedes decidir dejar de juzgar y despreciar como tampoco puedes decidir dejar el cáncer, porque ambos están dentro de ti. Alguien dice: «*Sé* que debo "recibir" a esa persona. *Sé* que no debo "contender sobre opiniones" (Rom. 14:1). Pero todavía siento la ira y el resentimiento en mi corazón. ¿Qué puedo hacer?».

Esto es exactamente lo que Graciela sentía mientras estaba sentada en la iglesia, con el corazón lleno de ira. Hace meses decidió que no permitiría que los desacuerdos sobre las restricciones de la pandemia la expulsaran de su iglesia. Después de todo, pensó: «Si *estas* cuestiones no entran en el ámbito de la libertad cristiana, ¿qué entra?». Sabía que sus pensamientos críticos y airados eran pecaminosos y desagradables a Dios. Seguramente Dios no quería que fuera a la iglesia simplemente para sentarse allí y despreciar a los demás en su corazón. Pero se sentía atrapada.

¿Reconoces estos pecados en tu vida? Recuerda que a menudo somos culpables simultáneamente de juzgar *y* despreciar. Envías a tus hijos a la escuela pública, despreciando en secreto a una familia que, estás seguro, ha dejado de ofrendar en la iglesia para poder pagar la matrícula en una escuela cristiana. ¿No pueden ver que la escuela pública no es el monstruo inmoral que ellos pintan? Desprecias al que tiene una conciencia más estricta. *Al mismo tiempo*, tu corazón juzga a otra familia que falta a la iglesia cada pocas semanas por los partidos de fútbol de su hija. Ahora estás juzgando al que actúa con más libertad. El hecho de que este juzgar y despreciar esté mal no significa que no haya verdad en tus preocupaciones sobre cualquiera de las dos familias. Pero una postura así difícilmente podría llamarse amor.

Entonces, ¿qué vas a hacer? Después de sus famosas palabras: «No juzguéis, y no seréis juzgados» (Luc. 6:37), Jesús te dice: «saca primero la viga de tu propio ojo, y entonces verás bien para sacar la paja que está en el ojo de tu hermano» (6:42). ¿Cómo se quita la viga de juzgar y despreciar?

Observa la fe de ellos

Para Graciela, un punto de inflexión llegó en el momento más inesperado. A medida que la pandemia disminuía, su iglesia celebró una reunión congregacional para debatir la flexibilización de las restricciones. Casi al final de la reunión, una mujer llamada Serena se levantó.

En los últimos meses, Serena había tenido una lucha muy diferente a la de Graciela. Aunque al principio estaba dispuesta a adoptar medidas de salud pública razonables, con el tiempo sintió que el remedio era peor que la enfermedad. En su iglesia, las restricciones a la vida congregacional se estaban traduciendo en matrimonios en apuros, amistades tensas, una fe maltrecha e incluso una unidad eclesiástica fracturada. Además, su paciencia se había agotado con las políticas pandémicas de la iglesia que insistían en seguir o incluso superar las restricciones del gobierno, que a su vez se habían extralimitado peligrosamente. Esa lucha se agravó cuando la iglesia anunció a principios de la (fría) primavera que una vez más se reunirían al aire libre. Sin embargo, cuando los miembros de la iglesia que veían las cosas de forma similar acudían a ella para quejarse, ella les pedía que no renunciaran a la iglesia y que siguieran confiando en sus líderes. Al igual que Graciela, ella también estaba decidida a que las restricciones de la pandemia no la expulsaran de la iglesia que amaba.

Cuando Serena se levantó, fue con angustia —e ira— que describió lo difícil que había sido para ella, para su familia y para tantos otros la decisión de la iglesia de volver a reunirse al aire libre. Le resultaba difícil aceptar que su iglesia hubiera secundado una respuesta gubernamental que, en su opinión, había sido extremadamente exagerada. Serena era exactamente el tipo de persona que Graciela había luchado por amar.

Sin embargo, fue la emoción desbordante de Serena en aquella reunión congregacional lo que sacudió algo en el corazón enfadado de Graciela. Como Graciela describiría más tarde: «Fue ver su dolor —el mismo dolor que yo sentía—, a pesar de que veníamos de lados opuestos de la cuestión. Fue ver en sus lágrimas el mismo amor que yo sentía por esta iglesia, la misma fe que yo tenía, a pesar de que no podíamos estar más en desacuerdo sobre lo que nuestra iglesia debía hacer». Fue ver su dolor y su fe reflejados en alguien con quien no estaba de acuerdo lo que inició el proceso de desarraigar estos pecados del corazón de Graciela. «Sabía a nivel teórico que alguien podía estar en desacuerdo conmigo y seguir siendo cristiano. Pero Serena era la prueba viviente. Lo que necesitaba no era una teoría; necesitaba una persona. Una persona cuya fe era real, y cuya fe impulsaba su corazón, aunque en este asunto su corazón apuntara en la dirección opuesta a la mía».

Ver la fe de aquellos con los que no estamos de acuerdo es, de hecho, una prescripción clave en Romanos 14 para aquellos que luchan contra el juicio y el desprecio. En el versículo 3, Pablo nos avergüenza por apartar a quienes Dios ya ha recibido. ¿Y por qué los ha recibido Dios? ¿Por qué «estarán firmes» bajo Su juicio (14:4)? Por la fe en Cristo. A menudo, las personas de *ambos* lados de un debate están motivadas por una fe sincera, y esa es una verdad que debemos interiorizar si queremos amar bien.

> Uno hace diferencia entre día y día; otro juzga iguales todos los días. Cada uno esté plenamente convencido en su propia mente. El

> que hace caso del día, lo hace para el Señor; y el que no hace caso del día, para el Señor no lo hace. El que come, para el Señor come, porque da gracias a Dios; y el que no come, para el Señor no come, y da gracias a Dios. Porque ninguno de nosotros vive para sí, y ninguno muere para sí (Rom. 14:5-7).

Ambas partes buscan honrar al Señor. Ambas partes viven para Cristo y no para sí mismas. Ambas partes actúan con fe.

A menudo suponemos los peores motivos en aquellos con los que no estamos de acuerdo. Eso sugiere que solo malos motivos podrían llevar a alguien a mirar los mismos hechos que nosotros y llegar a una convicción diferente. Pero las personas piadosas a menudo analizan los mismos hechos y llegan a convicciones diferentes.

A menudo se nos dice que «supongamos lo mejor» (ver 1 Cor. 13:7). Y, sin embargo, suponer lo mejor es solo la puerta de entrada para hacer lo que Pablo anima aquí en Romanos 14. Supón lo mejor, sí, y luego cruza esa puerta para explorar y comprender lo que realmente motiva a ese cristiano del otro lado. No te quedes en la suposición, aunque supongas lo mejor. Averígualo. Averigua cómo la verdadera fe y el verdadero deseo de honrar a Cristo pueden motivar opiniones opuestas a las tuyas. A veces te decepcionará descubrir que los motivos de alguien son realmente tan malos como temías. Pero al menos entonces no estarás «suponiendo lo mejor» ingenuamente sobre algo que es falso. Sin embargo, a menudo, si estamos hablando de cristianos de verdad, descubrirás una fe verdadera. Aunque es improbable que ese descubrimiento resuelva un desacuerdo, puede hacer maravillas con tus juicios y desprecios.

«Simplemente no entiendo como alguien podría *alguna vez* ser parte de mi iglesia y creer eso». ¿Has pensado alguna vez eso? Cuando lo hagas, debes elegir verlo no como un remate retórico, sino como el comienzo de una conversación. Lo que Pablo describe aquí —ver la fe de la otra persona— es el objetivo de esa conversación. No te sientes a juzgar. Habla. Y cuando hables, no te conformes con entender sus convicciones. Ni siquiera te conformes con entender las experiencias que han dado forma a esas convicciones. Comprende la fe que las impulsa. Aquí hay algunas ideas para una conversación de este tipo:

- Pregunta cómo su fe motiva la opinión con la que no estás de acuerdo. Para usar a Graciela y Serena como ejemplo, Graciela podría preguntar: «¿Qué principios bíblicos han dado forma a la manera en que crees que nuestra iglesia debería afrontar la pandemia?».
- Pregunta por qué su fe les lleva a dar prioridad a valores distintos de los tuyos. «Parece que valoras las reuniones eclesiásticas sin restricciones por encima de la salud pública. A mí me parece que eso va en contra del mandamiento de Jesús de amar al prójimo. ¿Qué crees que no estoy entendiendo?».
- Pregunta cómo su fe ha cambiado su forma de pensar con el tiempo. «A medida que la pandemia ha ido avanzando, ¿cómo tu deseo de honrar a Cristo ha cambiado lo que más te preocupa?».

Hay una espiral destructiva de sospecha de la que debemos cuidarnos en la iglesia. Eres escéptico de los motivos de una persona, lo que te lleva a malinterpretar sus palabras y acciones, lo que te lleva a sospechar más de sus motivos, y así sucesivamente. «Ver su fe» es como se rompe el ciclo. Este es otro ejemplo de ponerse esos «lentes de fe» que he descrito antes. Sin ellos, todo lo que ves son desacuerdos y conflictos confusos. Pero si te pones esos lentes, de repente aparece una dimensión totalmente nueva: la dimensión de la fe. De repente, ves la belleza de la mano de Dios en acción, con opiniones divergentes que surgen de una fe común en la bondad de Dios, y un deseo común de honrar a Dios.

Solo la mitad del problema

Observa la fe de aquellos con los que no estás de acuerdo. Para Graciela esto era exactamente lo que necesitaba, y Dios utilizó la fe de Serena para calmar la furia del corazón crítico de Graciela. Sin embargo, ¿no podría esto concebirse como un relativismo moral, donde la unidad triunfa sobre todo desacuerdo? Por ejemplo, ¿qué pasaría si Graciela viviera en Chicago en la década de 1960 y su preocupación fuera que los miembros blancos de su iglesia trabajaran para desalojar a un nuevo vecino simplemente porque es negro? ¿Significa el consejo de Pablo en Romanos 14 que, al ver la fe de los que reprimen a los no blancos, ella debería hacer la vista gorda ante estos males? Ahí es donde debemos considerar una última verdad en estos capítulos finales de Romanos: el juicio de Dios.

Preguntas para la reflexión y la discusión

1. ¿Crees que eres más propenso a juzgar a los demás (en Rom. 14, el pecado de la conciencia más restrictiva) o a despreciar a los demás (el pecado de la conciencia más libre)?

2. ¿Puedes pensar en alguna ocasión en la que, como Graciela, hayas visto cómo la convicción de alguien que se oponía a la

tuya estaba motivada por la fe? ¿Cómo cambió eso tu actitud hacia esa persona?

3. ¿Cómo podemos seguir el consejo de Pablo en Romanos 14:5-8 de considerar las motivaciones basadas en la fe de aquellos con los que no estamos de acuerdo sin caer en la trampa del relativismo moral?

Motivos de oración

- Ora para que seas obediente a tu conciencia y también cariñoso y caritativo con los que llegan a convicciones diferentes.
- Ora para que tu congregación sea conocida por recibir incluso a aquellos con los que no está de acuerdo (Rom. 14:1; 15:7).
- Ora para que los líderes de tu iglesia sean sabios a la hora de discernir qué diferencias de conciencia están dentro del ámbito de la libertad cristiana.

8

¿Cómo puedo amar a «esas» personas cuando se equivocan?

Verdad 8: Responderemos ante Dios

Pero tú, ¿por qué juzgas a tu hermano?
O tú también, ¿por qué menosprecias a tu hermano?
Porque todos compareceremos ante el tribunal de Cristo.

ROMANOS 14:10

Unos versículos más, por favor

¿Alguna vez te has preguntado por qué las Escrituras no son más claras en algunos temas? Si el Espíritu Santo sabía que los desacuerdos sobre el fin de los tiempos dividirían a la iglesia (y lo sabía), seguramente podría haber incluido un versículo que dijera: «Ustedes han oído decir que el milenio no es literalmente mil años, pero yo les digo que sí lo es y, por cierto, precederá al regreso de Cristo». ¿No nos habría ahorrado ese pequeño añadido un montón de problemas? Si las controversias sobre «comer carne» obtienen *dos* pasajes en las Escrituras (Rom. 14; 1 Cor. 8), ¿no podríamos tener un poco más de matices sobre, digamos, cuándo los cristianos deben desobedecer al gobierno y cómo debemos abordar las injusticias de nuestros antepasados?

Sin embargo, cuando Pablo dice que las Escrituras son «*todo* el consejo de Dios» (Hech. 20:27) y cuando le dice a Timoteo que nos hace «perfecto, enteramente preparado para *toda* buena obra» (2 Tim. 3:17), está diciendo que Dios hizo la Biblia a la perfección. Como dice la Confesión Belga, las Escrituras proporcionan «cuanto necesitamos en esta vida, para gloria de Dios y para nuestra salvación».[1] Esto es cierto para los detalles que el Espíritu nos dio en las Escrituras y también para los detalles que retuvo. Cuando no estamos de acuerdo, el problema reside en nosotros y no en la Palabra perfecta de Dios, sin embargo, incluso los desacuerdos que surgen de nuestros pecados e imperfecciones no están fuera del control de un Dios soberano.

Este es, después de todo, el trasfondo de Romanos 14:1–15:7 que comenzamos a examinar en el capítulo anterior. Las «opiniones» (14:1) que Pablo aborda son discutidas porque las Escrituras no son tan claras como estos creyentes hubieran deseado. Sin embargo, en lugar de pedirles que resuelvan sus desacuerdos, les dice que se amen los unos a los otros *a pesar* de tales desacuerdos. ¿Cuál es el resultado? Romanos 15:6: «para que unánimes, a una voz, glorifiquéis al Dios y Padre de nuestro Señor Jesucristo». Diferencias de convicción, sí. Diferencias de conciencia, sí. Sin embargo, es precisamente *a causa*

1 Confesión Belga, art. 2.

de esas diferencias que Dios obtiene la gloria a través de la insistencia en la unidad en Cristo.

Al enfrentar diferencias de convicción que podrían desgarrar a tu iglesia, el Espíritu Santo no está lamentando no haber proporcionado más claridad en las Escrituras. Estas diferencias son *oportunidades* para demostrar que «un mismo sentir según Cristo Jesús» es todo lo que necesitamos para estar «unánimes» (Rom. 15:5). Así es como «a una voz» glorificamos «al Dios y Padre de nuestro Señor Jesucristo» (15:6). Recuerda, así como Dios obtiene mayor gloria a través de la redención que solo a través de la creación, la gloria que obtiene en la unidad de Su Iglesia es mayor en el desacuerdo que si todos tuvieran la misma respuesta en primer lugar.

El «problema» de la convicción

Sin embargo, es más fácil decirlo que hacerlo. Pablo nos dijo en Romanos 12:9 que aborrezcamos lo malo y nos aferremos a lo bueno. Pero, ¿qué pasa cuando no estamos de acuerdo sobre lo que es «malo» y lo que es «bueno»? Una cosa es que una iglesia no esté de acuerdo en el color de la alfombra. Otra muy distinta es discrepar sobre si un cristiano puede votar a un candidato político que resta importancia a las consecuencias actuales del racismo. O si los cristianos pueden asentir a la prohibición de disciplina física de una agencia de adopción. O si un cristiano puede asistir a la celebración de un festival hindú. Lo que hace que estos desacuerdos sean tan difíciles es que, para muchos, son cuestiones de lo que está bien y lo que está mal, no simplemente de preferencias. En el capítulo anterior hablamos de cómo podemos dejar de juzgar y despreciar a las personas. Pero, ¿cómo podemos *amarlas* positivamente? J. C. Ryle escribió que «cada hombre tiene una conciencia en su interior, que debe ser satisfecha antes de que pueda ser verdaderamente feliz».[2] Eso es cierto de mi conciencia, pero también es cierto de la tuya. Si eres mi amigo y haces algo que va en contra de mi conciencia, tus acciones desafían mi felicidad y, en consecuencia, desafían nuestra amistad.

En teoría, *podríamos* simplemente tener diferentes iglesias para diferentes convicciones. Una iglesia aquí que se ocupe del evangelio y que hable con firmeza sobre la inmigración ilegal. Una iglesia allá que hable del evangelio *y* defienda el pago de indemnizaciones a los descendientes de los esclavos. Hace muchos años, durante un viaje a Afganistán, se publicó un artículo sobre la sinagoga de Kabul. ¡Quién iba a decir que todavía había una sinagoga en Kabul! Pero la había, aunque sus miembros se reducían a dos hombres. Y salió en las noticias porque, debido a las incesantes disputas, estaban considerando dividirse en *dos* sinagogas, cada una con un solo miembro. ¿No es aquí adonde nos lleva el «diferentes iglesias para diferentes convicciones»? Sin duda, podemos hacerlo mejor.

Y sin embargo... ¿realmente puedes ir a la iglesia con otros cristianos que están *equivocados* en asuntos importantes? ¿Puede tu actitud hacia ellos ser realmente el amor genuino que Pablo ordena? Eso es lo que abordaremos en este capítulo. Pero primero, debemos entender exactamente de qué tipo de desacuerdos estamos hablando.

Diferentes niveles de desacuerdo

Como recordarás, Pablo comienza Romanos 14 advirtiéndonos que no contendamos por opiniones. La palabra que se traduce como

2 J. C. Ryle, *Holiness: Its Nature, Hindrances, Difficulties and Roots* (Londres: William Hunt and Company, 1889), 364.

«opiniones» significa literalmente «razonamientos», consistente con su uso aquí como implicaciones de la Escrituras basadas en la razón. Así, la NVI usa la frase «entrar en discusiones». Estos desacuerdos no son sobre verdades «expresamente establecidas en las Escrituras, o que por buena y necesaria consecuencia puedan deducirse de las Escrituras», para usar el lenguaje de la Confesión de Westminster.[3] En cambio, se basan en el razonamiento *a partir de* esas verdades. Sobre estas cuestiones no deberíamos discutir.

¿Dónde encaja esto en la jerarquía más amplia de desacuerdos que podemos tener con otros cristianos? En su libro *Conscience* [Conciencia], Andy Naselli y J. D. Crowley identifican tres niveles de desacuerdos.

- Los desacuerdos de primer nivel son aquellos que uno no puede negar «y seguir siendo cristiano de forma significativa».[4] Estas verdades surgen como conclusiones ineludibles cuando se leen fielmente las Escrituras, ya sea porque están explícitas en el texto o porque surgen inevitablemente del texto.[5]
- Los desacuerdos de segundo nivel «crean límites razonables entre los cristianos».[6] Se trata de cuestiones en las que los cristianos fieles pueden discrepar, y en las que el desacuerdo significa que deben reunirse en iglesias diferentes.

3 Confesión de Fe de Westminster, 1.6.

4 Andrew Naselli y J. D. Crowley, *Conscience: What It Is, How to Train It, and Loving Those Who Differ* (Wheaton, Illinois: Crossway, 2016), 86.

5 Ver Jonty Rhodes, «*By Good and Necessary Consequence*», *Tabletalk*, 7 de enero de 2021, https://tabletalkmagazine.com/.

6 Naselli y Crowley, *Conscience*, 86.

Históricamente, los desacuerdos sobre el bautismo y el gobierno de la Iglesia entran en esta categoría.[7]

- Los desacuerdos de tercer nivel no tienen por qué separar a los cristianos en iglesias diferentes. Cuando me refiero a asuntos «no esenciales» en este libro, es esta categoría la que he tenido en mente. Es decir, asuntos en los que no es esencial estar de acuerdo para estar juntos en una iglesia.[8]

Pablo escribe en Romanos 14 sobre estas cuestiones de tercer nivel. Específicamente, aborda tres desacuerdos diferentes, aunque claramente pretende que los principios que expone se apliquen más ampliamente. El primero es la cuestión de si un cristiano puede comer carne (14:2).[9] El segundo es un debate sobre la celebración

7 Uno podría preguntarse: «¿Por qué los desacuerdos sobre el bautismo constituirían "límites razonables entre cristianos" pero no los desacuerdos sobre cuestiones como la política?». Hay que observar que algunos cristianos *no* creen que las iglesias deban dividirse sobre el bautismo (por ej., la iglesia en la que yo crecí) y a veces los cristianos *sí* necesitan dividirse sobre política (por ej., la Iglesia Confesante en la Alemania nazi). En general, sin embargo, debemos señalar que los desacuerdos sobre el bautismo son desacuerdos sobre *lo que* Jesús ordena (¿Significa el mandamiento de bautizar que bauticemos a los niños o no?), mientras que los desacuerdos sobre política son normalmente desacuerdos sobre *cómo* obedecer mandamientos acordados (¿Implica el mandamiento de amar a tu prójimo una enmienda presupuestaria equilibrada o no?). Para más matices y detalles sobre esta cuestión, ver Jonathan Leeman, *How the Nations Rage* (Nashville, TN: Thomas Nelson, 2020).

8 Hay que señalar que «no esencial» no significa «sin importancia». Un error que los cristianos modernos cometen a menudo es creer que todo lo que no es esencial para la salvación carece necesariamente de importancia. La trampa de esta tendencia puede llevar a los cristianos a dividir innecesariamente las iglesias porque suponen que todo lo que es importante es también esencial.

9 No está claro si el debate sobre comer carne en Rom. 14 es el debate sobre la «carne sacrificada a los ídolos» de 1 Cor. 8, un debate sobre si se deben seguir las leyes mosaicas sobre

de días especiales (14:5).[10] Y el tercero es el desacuerdo sobre si los cristianos deben beber vino (14:21). Por supuesto, tu iglesia tiene sus propios desacuerdos. Es posible que no *quieras* estar en la iglesia con personas que no están de acuerdo contigo en estos aspectos, pero tampoco puedes decir sinceramente que estas cuestiones deberían resultar en una división en iglesias diferentes.

Debo señalar que categorizar qué desacuerdos son legítimamente discutibles en tu iglesia va más allá de este libro. Eso sería un libro entero en sí mismo. Pero más allá de estos desacuerdos cuestionables, probablemente puedes tabular una gran cantidad de desacuerdos en tu iglesia que *sabes* que no justifican una división de la iglesia ni la necesidad de abandonar una iglesia. Entiendes que teóricamente *deberías* ser capaz de ir a la iglesia con esas personas, pero es difícil. ¿Cómo puedes *amarlas* con el amor genuino de Romanos 12?

Categorías de desacuerdo

A veces, simplemente entender la dinámica de un desacuerdo en particular puede ayudar a desarraigar el juzgar y el despreciar. Observa si puedes reconocer los desacuerdos que más te molestan en las siguientes cuatro categorías, que pretendo sean una taxonomía razonablemente completa de «opiniones a contender».

---

los alimentos (y evitar la carne es una forma fácil de hacerlo) o alguna otra controversia. El uso que hace Pablo de la palabra «inmundo» en Rom. 14:14 sugiere que tenía algo que ver con la ley ceremonial, lo que nos lleva a la segunda de estas opciones.

10 Los «días» en cuestión pueden haber sido días de reposo, fiestas judías prescritas en la ley mosaica o días especiales en calendarios paganos como días festivos. Si la controversia sobre la carne tenía que ver con el cumplimiento de las leyes alimentarias mosaicas, lo más probable es que los «días» en cuestión fueran días de reposo.

- *Pecado para una persona, pero no para otra.* Es decir, las conciencias discrepan sobre la moralidad de un asunto en particular. O, citando a Pablo en Romanos 14, «mas para el que piensa que algo es inmundo, para él lo es» (14:14). Por ejemplo, comer un alimento específico podría ser pecado para un cristiano (porque su conciencia se lo prohíbe) pero no para otro (cuya conciencia es libre). Algunos miembros de la iglesia creen que es pecado trabajar los domingos. Algunos creen que es pecado beber alcohol. En muchos casos, un cristiano puede *creer* que todos los que difieren con él en esta convicción están en pecado, pero una iglesia no necesita dividirse por cuestiones de esta categoría.
- *La mejor manera de lograr un acuerdo.* Es decir, no se discute la moralidad del objetivo, pero el camino para llegar a él no está claro. Un buen ejemplo en esta categoría es cómo la sociedad debe combatir el racismo o el aborto, y qué papel debe desempeñar la Iglesia en estos esfuerzos. Todos los participantes están de acuerdo en que el racismo y el aborto son malos. Pero discrepan sobre el mejor camino hacia la justicia. Los desacuerdos sobre la crianza de los hijos también entran en esta categoría. «No puedo creer que le dejes jugar a tantos videojuegos». Todos están de acuerdo en el objetivo deseado: educar a nuestros hijos en la disciplina y la instrucción del Señor (Ef. 6:4). Pero las convicciones difieren sobre la mejor manera de hacerlo.
- *Diferentes prioridades morales.* En este caso, lo que no está claro es cómo se compensan entre sí los distintos objetivos morales. Esta tercera categoría resulta familiar en los desacuerdos sobre cómo gastamos nuestro dinero. Todos sabemos que

es importante dar a nuestra iglesia y todos sabemos que es importante mantener bien a nuestras familias. Pero la prioridad relativa que una familia da a estos dos valores se traduce en la compra de un coche «demasiado llamativo, extravagante y, francamente, que muestra una mala mayordomía» a los ojos de otra. Los desacuerdos sobre el voto entran a menudo en esta categoría, ya que elegimos entre candidatos que nos ofrecen cestas preseleccionadas de bienes morales.

- *Superposición de jurisdicciones de autoridad.* Es decir, no está claro quién tiene la autoridad moral. Permíteme explicarlo con un ejemplo. ¿Quién es responsable de garantizar la seguridad de un niño? Sus padres, pensarás. Pero, ¿y si uno de los padres es abusivo y pone en peligro la seguridad de ese niño? Entonces, según la mayoría de los cristianos, el gobierno tiene un papel que desempeñar. Dios ha dado a los padres la responsabilidad de criar a sus hijos *y* ha dado al gobierno la responsabilidad de proteger a sus ciudadanos. Cuando la jurisdicción de una autoridad dada por Dios (los padres) se superpone con la de otra (el gobierno), los cristianos pueden llegar a posiciones de conciencia muy diferentes porque *ambos* tienen las Escrituras de su parte. Los desacuerdos en esta categoría son menos comunes que en las tres primeras, ¡pero ciertamente son delicados!

Por supuesto, por muy útil que sea comprender la naturaleza de nuestros desacuerdos, necesitaremos más ayuda que esta si queremos amarnos bien los unos a los otros. A menudo, lo que necesitamos es un punto de vista diferente desde dónde ver el desacuerdo. En el capítulo anterior analicé una de esas perspectivas en Romanos 14 (la fe de aquellos con los que no estás de acuerdo). Ahora es el momento de examinar otra.

Considera al Juez

En Romanos 14:10, Pablo hace una pregunta provocadora: «Pero tú, ¿por qué juzgas a tu hermano? O tú también, ¿por qué menosprecias a tu hermano? Porque todos compareceremos ante el tribunal de Cristo». No solemos considerar esta perspectiva del juicio de Dios, pero deberíamos hacerlo. A medida que avanzamos en los últimos capítulos de Romanos, y las amenazas a la unidad se vuelven más moralmente tensas, Pablo nos remite cada vez más al juicio final de Dios. De hecho, en este breve capítulo sobre el desacuerdo de convicción, Pablo menciona nuestra rendición de cuentas final ante Dios seis veces diferentes (14:4,10,12,18,22,23). Estas referencias se dividen en dos categorías. En primer lugar, debemos ser conscientes del inminente juicio de Dios sobre los *demás* porque Él es el juez y nosotros no (14:4). Y, en segundo lugar, debemos ser conscientes del juicio inminente de Dios sobre nuestras *propias* vidas (14:12). Ambas categorías son cruciales para que el juicio y el desprecio den paso al amor genuino.

El juicio de Dios sobre «ellos»

En primer lugar, veamos el juicio de Dios sobre los demás. Nota que esto es diferente del argumento de «mía es la venganza» que vimos en el capítulo sobre el perdón. En este caso, el «juicio» que Pablo tiene en mente no es un castigo, sino una rendición de cuentas. Como pregunta en Romanos 14:4: «¿Tú quién eres, que juzgas al criado ajeno? Para su propio señor está en pie, o cae; pero estará firme, porque poderoso es el Señor para hacerle estar firme». No es tu responsabilidad juzgar todas las opiniones falsas en tu iglesia. Dios lo hará. Más allá de eso, aún aquellos que están equivocados estarán en pie al final del día del juicio debido a su fe en Jesucristo.

Ahora, recuerda que Pablo está hablando de «opiniones *a contender*». En otras partes las Escrituras son claras en cuanto a que los desacuerdos más serios deben ser confrontados (por ejemplo, Gál. 1:9), y que los ancianos de una iglesia tienen la tarea específica de este tipo de corrección (Tito 1:9). Recuerda también que, en las circunstancias adecuadas, el amor implica reprensión, incluso en áreas que son legítimamente discutibles. Como dice Proverbios: «Mejor es reprensión manifiesta que amor oculto» (27:5). De hecho, el amor a menudo *obliga* a la amonestación (Mat. 18:15). Por ejemplo, si los cristianos «débiles» de Romanos 14 no se limitaran a insistir en que ellos mismos se abstengan de comer carne, sino que los gentiles deben hacer lo mismo, Pablo no estaría abogando por la unidad, sino que, como hace en Gálatas, los estaría reprendiendo duramente por negar el evangelio.

Pero a pesar de estas advertencias, tu papel es amar, no juzgar. *Dios* resolverá esto, así que tú no necesitas hacerlo. Y —aquí está la clave— no importa tu pobre opinión sobre las convicciones de esta persona, en la evaluación final de Dios la belleza de su fe será magnífica.

Cuando estés luchando por amar a quienes aprueban lo que tú entiendes que está mal, pregúntate si se trata de un desacuerdo que debería dividir a tu iglesia. Es decir, ¿se trata de una cuestión de primer o segundo nivel, según las categorías de Naselli y Crowley? Si no es así, haz una segunda pregunta: ¿Puedes seguir creciendo en tu iglesia a pesar de la presencia de este desacuerdo? Esa es una pregunta que sería prudente que respondieras consultando con cristianos en los que confíes. Esperemos que la lectura de este libro haya aumentado tu capacidad de prosperar en medio de los desacuerdos en la iglesia. Sin embargo, con humildad y honestidad, a veces debemos decir: «Si mi fe fuera más fuerte, podría quedarme en esta iglesia. Pero dado mi actual nivel de madurez, necesito ir a otra parte».

Frecuentemente, sin embargo, este desacuerdo no tiene por qué dividir tu iglesia, y no necesita separarte a ti de tu iglesia. En esas situaciones, el juicio de Dios sobre aquellos con los que no estás de acuerdo es una perspectiva que empodera. El juicio venidero de Dios nos recuerda que estos debates no tienen por qué resolverse en esta vida. Sí, la conversación y el debate *pueden* ser útiles, dejando que «hierro afile hierro». Sin embargo, para tales desacuerdos, no te agotes en discusiones. En su lugar, prioriza la unidad.

Recuerdo un comentario que hizo un amigo sobre un desacuerdo que le apasionaba. «Cuando lleguemos al cielo, veremos quién tenía razón, *si es que entonces nos importa*».[11] ¡Qué perspectiva tan humilde! Las cuestiones que amenazan con dividirnos hoy, que provocan juicios y desprecios, pueden parecer relativamente poco importantes cuando se resuelvan en la gloria.

El juicio de Dios sobre ti

Hay un segundo correctivo que proporciona el futuro juicio de Dios. No solo debes considerar *sus* cuentas ante Dios, sino también las tuyas. Aunque no seremos condenados por nuestro pecado si estamos en Cristo (¡alabado sea Dios, Jesús pagó el castigo! [Rom. 8:1]),

11 Isaac Adams, «*Remember, Christians Won't Always Fight & Quarrel*», *United? We Pray*, 27 de mayo de 2021, https://uwepray.com/.

todavía nos espera una evaluación final de nuestras vidas: «De manera que cada uno de nosotros dará a Dios cuenta de sí» (Rom. 14:12).

La realidad del futuro juicio de Dios obliga a cambiar las prioridades de lo que está «mal» en tu iglesia. Como dice Pablo en 14:20: «Todas las cosas a la verdad son limpias; pero es *malo* que el hombre haga tropezar a otros con lo que come». En este debate sobre la comida, Pablo les dice a los que tienen conciencias más libres que tienen razón, y que los que no pueden comer carne están equivocados. Sin embargo... lo que *realmente* está mal es la insistencia en la libertad de comer carne delante de ellos. (Me vienen a la mente los debates contemporáneos sobre el alcohol). O considera el versículo 15: «No hagas que por la comida tuya se pierda aquel por quien Cristo murió». ¡Qué lenguaje tan fuerte! Sí, estas personas descubrirán en el día del juicio que sus conciencias eran estrechas. Pero tú te enfrentarás a una rendición de cuentas mucho más estricta por no haberlos tratado con amor. Esto me recuerda algunas de las primeras líneas de Martín Lutero en su tratado sobre la libertad cristiana: «Un cristiano es perfectamente libre de todo, sujeto a nadie. Un cristiano es un siervo perfectamente obediente de todos, sujeto a todos».[12] Libertad en Cristo, sí, y con ella, la deliciosa esclavitud del amor.

Considera cuatro maneras en las que tu rendición de cuentas ante Dios puede cambiar la postura de tu corazón hacia aquellos con los que no estás de acuerdo, pero estás unido por amor.

1. *Priorizar.* Pasajes como Romanos 14 hacen que la prioridad de los diversos desacuerdos pase a un segundo plano y la unidad de la Iglesia al primero. Como dice Pablo en

12 Martín Lutero, *On Christian Liberty* (Minneapolis, MN: Fortress Press, 2003), 2.

Romanos 14:22: «Bienaventurado el que no se condena a sí mismo en lo que aprueba». Cuando tu corazón esté en pleno proceso de juzgar y despreciar, mira a tu Juez. Recuerda que probablemente te enfrentarás a un juicio más estricto por no discrepar en el amor que si simplemente hubieras argumentado el lado equivocado del desacuerdo.

2. *Libertad.* Para algunos, no es sincero mantener una amistad en la iglesia mientras se ignora un desacuerdo intenso. Pero la prioridad que Pablo da a tales desacuerdos en relación con la unidad y el amor nos brinda la libertad de hacer precisamente eso. Probablemente no es sabio *nunca* discutir sobre tu desacuerdo. Pero con el juicio final de Dios a la vista, puedes perseguir tales amistades sin resolver tus desacuerdos.
3. *Paz.* Me refiero a la paz en tu corazón que expulsa la ira. A menudo es el juicio de Dios lo que debemos recordar cuando estamos enojados con otros en la iglesia. Así como el humo indica fuego, la ira indica injusticia. La cuestión es cómo responderás a esa injusticia. ¿Harás girar tu corazón en un torbellino de desprecio autojustificado, ensayando sin cesar para ti mismo argumentos contra aquellos con los que no estás de acuerdo? ¿O apagarás tu ira en la promesa tranquilizadora de Dios de que un día resolverá todos los males?
4. *Amor.* Recuerda el poder del pecado perdonado. Cuando el juicio y el desprecio surjan en tu corazón, no trates de reprimirlos o ignorarlos. Confiésalos, usando el lenguaje fuerte que Pablo usa aquí. «Señor, te confieso que, en mi actitud hacia Omar, estoy tratando de destruir a uno por quien tú moriste». «Señor, te confieso que en mi forma de juzgar a

Sara, estoy creando obstáculos a su afecto por ti». Confiesa tu pecado, regocíjate en tu perdón, y deléitate cuando el perdón vuelva tu corazón hacia el amor. «Afligíos, y lamentad, y llorad [...]. Humillaos delante del Señor, y él os exaltará» (Sant. 4:9-10).

Escapa del juicio y el desprecio y ve hacia el amor

Nuestros corazones son un desastre, ¿verdad? Están llenos de juicios y desprecios. Por eso necesitamos desesperadamente considerar lo que Pablo nos dice en Romanos 14. Debemos considerar la fe, especialmente la fe de aquellos con los que no estamos de acuerdo. Y debemos considerar el juicio de Dios, tanto la cuenta final de aquellos con los que no estamos de acuerdo como la nuestra. Este no es un plan para garantizar el amor inmediato. Pero a medida que te sumerjas en estas verdades, la Palabra de Dios actuará para humillarte, remoldearte y reformarte.

Es apropiado, entonces, que esta sección termine con un conmovedor recordatorio del amor de Dios por nosotros: «Por tanto, recibíos los unos a los otros, como también Cristo nos recibió, para gloria de Dios» (Rom. 15:7). Con esto, Pablo termina esta sección donde la empezó en Romanos 14:1, diciéndonos que recibamos a los débiles en la fe. Pero ahora vemos su resultado: «para gloria de Dios». ¿No es esto lo que queremos en nuestras iglesias? Cuando recibimos a los que no están de acuerdo con nosotros porque Cristo los ha recibido, la gloria de Dios brilla más que si nunca hubiéramos estado en desacuerdo.

Preguntas para la reflexión y la discusión

1. ¿Qué sabemos por las Escrituras sobre la rendición de cuentas ante Dios que los cristianos experimentarán algún día? (Ver Juan 5:24 y Rom. 8:1 y luego Rom. 14:10; 2 Cor. 5:10; y Heb. 4:12-13).

2. ¿Cómo podemos distinguir entre las disputas en la iglesia que debemos trabajar para resolver y las disputas en las que debemos «estar de acuerdo en no estar de acuerdo», dejándolas en manos de Dios?

3. Recuerda las cuatro maneras en que nuestra rendición de cuentas ante Dios debería cambiar nuestra postura hacia los demás (priorizar, libertad, paz, amor). ¿Cuál es la que más te resuena? ¿Por qué?

Motivos de oración

- Ora para que vivas en vista de tu rendición de cuentas ante Dios (Rom. 14:10).
- Ora para que las personas de tu congregación no se hagan tropezar unas a otras por la forma en que responden a las diferencias de convicción (Rom. 14:20).
- Ora para que los maestros de tu iglesia sean sobrios ante la estricta rendición de cuentas que algún día experimentarán (Heb. 13:17; Sant. 3:1) y que encuentren confianza en Cristo para servir a la luz de esa rendición de cuentas.

Conclusión

La esperanza está solo en Cristo

Gozo, paz y poder en tu amor

Y el Dios de esperanza os llene de todo gozo y paz en el creer, para que abundéis en esperanza por el poder del Espíritu Santo.

ROMANOS 15:13

Relaciones arraigadas en la esperanza

Al terminar este libro, ¿te sientes abrumado por las normas de Pablo sobre el amor? Ama como si les pertenecieras. Ama con honor, celo y afecto, incluso cuando se equivoquen. Porque Cristo los ha recibido igual que te ha recibido a ti. El resultado, por supuesto, es glorioso y hermoso: «Pero el Dios de la paciencia y de la consolación os dé entre vosotros un mismo sentir según Cristo Jesús, para que unánimes, a una voz, glorifiquéis al Dios y Padre de nuestro Señor Jesucristo» (Rom. 15:5-6). Pero hay una razón por la que Pablo ruega al «Dios de la paciencia y de la consolación». Necesitaremos ambos si queremos vivir esta visión para nuestras iglesias.

Con ese sentimiento abrumador en mente, concluyamos con la oración final de Pablo que cierra esta larga sección sobre el amor. Después de recordarnos la promesa de Dios desde la antigüedad de que judíos y gentiles se unirían en Cristo, Pablo ruega en Romanos 15:13: «Y el Dios de esperanza os llene de todo gozo y paz en el creer, para que abundéis en esperanza por el poder del Espíritu Santo». ¿Escuchas su repetida referencia a la *esperanza*? De hecho, la esperanza es un tema primordial en los versículos finales de este tratado sobre el amor. La esperanza viene cuando perseveramos en el amor (15:4). La esperanza viene cuando vemos en las Escrituras el ejemplo de amor perseverante de Cristo (15:4). Y esa esperanza es indispensable si queremos acogernos unos a otros como Cristo nos ha acogido (15:7), incluso a aquellos con los que no estamos de acuerdo (15:1).

Al final, la esperanza es un ingrediente esencial de la comunión cristiana. Mientras que nuestro mundo construye una comunidad anclada en el pasado, los cristianos deben aprender a fundarla en el futuro. Pensemos por un momento con qué frecuencia nuestro mundo ancla la comunidad en el pasado. El color de la piel con el que naciste, tu país de origen, el lugar donde estudiaste, tus antecedentes profesionales, las experiencias de tu vida, las heridas del pasado, los triunfos del pasado: todo esto sirve de fundamento para la comunidad a los ojos de este mundo. De hecho, nuestra cultura moderna nos dice cada vez más que el pasado es una fuente *ineludible* de identidad. Sin embargo, si los ojos de estos cristianos romanos se hubieran centrado en su identidad pasada como judíos o gentiles, la armonía de Romanos 12–15 no habría sido posible. Esta armonía tampoco sería posible para nosotros. De ahí el interés de Pablo por la esperanza.

¿Esperanza en qué?

¿Cuál es exactamente el acontecimiento futuro que Pablo ruega que aguardemos con esperanza? El versículo que precede a la oración que hemos estado comentando es la respuesta. En Romanos 15:12, Pablo cita la profecía de Isaías según la cual, cuando los gentiles pongan su esperanza en Jesús, el reino venidero de Cristo no será de juicio, sino de salvación. Como tal, la esperanza que Pablo tiene en mente mira hacia el día en que todo el pueblo de Dios en su plenitud —judíos *y* gentiles— habrá sido incluido (Rom. 11:12,25). Esto es más cierto que las esperanzas temporales que a menudo sustentan nuestro amor en la iglesia: la esperanza de que «mejoraremos en esto» o «madurarán» o «el tiempo sanará». Por el contrario, la oración de Pablo es que, a través de la esperanza de que judíos y gentiles *un día* alabarán a Dios con voz unida, estén *hoy* en paz y armonía que glorifique a Dios.[1]

Pablo ruega para que esta esperanza conduzca al gozo. Si quieres pasar de evitar a «esas» personas, a amarlas por deber, a amarlas con gozo, entonces debes aprender a enraizar tus amistades no en el pasado, sino en el futuro; es decir, en el futuro que compartes con ellos en Cristo Jesús. No puedes definir a los que «te vuelven loco» basándote en el pasado, igual que estos cristianos romanos no podían definirse unos a otros por su herencia judía o gentil. En cambio,

1 Douglas Moo, *The Epistle to the Romans, The New International Commentary on the New Testament* (Grand Rapids, MI: Eerdmans: 1996), 881.

debes definir a estas personas basándote en su futuro. Tu amor debe estar arraigado en la esperanza.

¿Y cuál es el resultado? Más esperanza. «… para que abundéis en esperanza por el poder del Espíritu Santo» (Rom. 15:13). En un círculo virtuoso, la esperanza engendra esperanza. La esperanza en el futuro prometido de Dios hace posible una paz llena de gozo entre los diversos hijos de Dios mediante el poder del Espíritu, y a medida que esta sombra de nuestro futuro se va perfilando, abundamos en esperanza.

Promesas que nos dan esperanza

Consideremos entonces cómo cada una de las ocho verdades que hemos escogido hasta ahora de la enseñanza de Pablo en Romanos puede sazonar nuestro amor en la iglesia con la esperanza de Dios.

- *Verdad 1: La insistencia en la unidad muestra la gloria de Dios.* A veces todo lo que puedes ver de tu iglesia a simple vista es desacuerdo, disensión y confusión. Pero a través de la fe tenemos la esperanza de que Dios está pintando un retrato de Su gloria mucho más impresionante que si todos estuvieran en la misma página.
- *Verdad 2: El amor imposible viene de una misericordia imposible.* Cuando Dios te pide que ames más allá de tus fuerzas, también te da la esperanza de que el poder que hay detrás de tu amor no es tu virtud, sino Su inagotable misericordia.
- *Verdad 3: La desunión en la iglesia miente sobre Jesús.* Puesto que Dios ha apostado la reputación de Su amado Hijo por la unidad de tu iglesia, puedes tener la esperanza de que lo que

Él está haciendo en tu iglesia es realmente «bueno, agradable y perfecto» (Rom. 12:2).

- *Verdad 4: Ustedes deben estar juntos.* En la providencia de Dios, las palabras «miembros los unos de los otros» (Rom. 12:5) son una invitación que ofrece la esperanza de que, a medida que continúen buscando juntos a Cristo como iglesia, descubrirán cuán adecuados son realmente los unos para los otros.
- *Verdad 5: La esperanza en Dios crea afecto por los demás.* La esperanza en los propósitos de Dios para «esas personas» es el camino hacia el gozo en «esas personas»: el gozo que Jesús experimenta en Su amor por ti.
- *Verdad 6: La justicia divina hace posible el perdón pleno.* Así como la misericordia de Dios da poder al amor, la justicia de Dios da poder al perdón. Su justicia perfecta ofrece la esperanza de que tu perdón hacia los demás pueda ser el pleno y glorioso perdón «injusto» de Dios.
- *Verdad 7: Las personas que te desagradan a menudo actúan con fe.* Sí, tu iglesia puede rebosar de desacuerdos sobre lo que es correcto y lo que es justo. Pero su fe en Cristo proporciona la esperanza de que incluso el desacuerdo de convicciones no es una barrera para la amistad genuina y el compañerismo.
- *Verdad 8: Responderemos ante Dios.* La promesa de Dios de juzgar nos da la esperanza de que lo que es verdad algún día será indiscutible. Esto significa que en los desacuerdos sobre «opiniones» en la iglesia (Rom. 14:1), no necesitamos pelear, sino que podemos actuar con amor.

Jesús está creando un cuadro impresionante de Su gloria en tu iglesia, y no importan tus defectos y fallas, ¡Él tendrá éxito! Jesús está creando una imagen impresionante de Su gloria a través de la fe de aquellos a los que te cuesta amar, y lo conseguirá. Jesús está creando una imagen impresionante de Su gloria a través de *tu* amor lleno de fe, por imperfecto que sea. Y lo conseguirá. Esta es la esperanza que tenemos a través de la fe en Cristo. Esta es la esperanza que hace que sea un *placer* recorrer el camino que he descrito en este libro. Esta esperanza es que Dios está obrando en todas las cosas, y que en todas las cosas Su obra es buena. C. S. Lewis lo dijo bien: «La Iglesia no tiene más belleza que la que le da el Esposo; Él no la encuentra, sino que la hace hermosa».[2]

Así que ponte tus «lentes de fe», amigo mío. Ponte los lentes de fe para maravillarte ante el hermoso retrato de Cristo que Él está pintando en tu iglesia. Y donde te falle la vista, confía en que un día te alegrarás de todo lo que Dios ha hecho.

Preguntas para la reflexión y la discusión

1. En las relaciones en la iglesia, ¿cómo se ve enfatizar los puntos en común futuros más que los puntos en común pasados?

2. ¿Cuál es la esperanza que Pablo tiene en mente en Romanos 15:12-13? ¿De qué manera esa esperanza debería cambiar tu perspectiva sobre las relaciones difíciles en la iglesia?

2 C. S. Lewis, *The Four Loves* (1960; Nueva York: Harcourt Brace & Company, 1988), 105.

Motivos de oración

- Ora para que la esperanza que tienes en las promesas de Dios cambie para siempre tu forma de ver a las personas de tu iglesia.
- Ora para que tu congregación crea en las promesas llenas de esperanza que Dios les ha dado sobre su futuro como pueblo de Dios.
- Ora para que a través de la fe llena de esperanza, haya una paz gozosa entre los líderes de tu iglesia.

Epílogo

Bajo la superficie de una iglesia «solo en Cristo»

Algunas palabras sobre la estructura de la iglesia

ESTE LIBRO HA tratado sobre cómo las relaciones en la iglesia pueden mostrar el poder del evangelio cuando descubrimos que compartir a Cristo es suficiente para estar en comunión, a pesar de las diferencias de trasfondo, personalidad, opinión e incluso convicción. Como tal, este libro se ha centrado en ti a nivel individual, ya que tú eres quien construye todas esas relaciones que exaltan a Jesús y desafían las diferencias. Espero que mis reflexiones sobre la sabiduría de Pablo en Romanos te hayan sido útiles en este aspecto.

Pero las Escrituras no pretenden que todo esto ocurra solo a nivel de las relaciones individuales. La estructura de la iglesia local puede ayudar. Cuando una iglesia sigue los mandatos y las pautas que le marcan las Escrituras, es terreno fértil para el tipo de relaciones que he descrito en este libro. O, cambiando de analogía, una iglesia correctamente ordenada es como tener el viento a tu favor cuando intentas construir relaciones en las que compartes poco en común aparte de Cristo.

En las próximas páginas, permíteme dar un breve recorrido por el funcionamiento interno de tu iglesia para que puedas ver cómo estas estructuras pueden fomentar la comunidad eclesial que Pablo describe en Romanos 12–15. Tal vez con toda la instrucción de los capítulos anteriores fresca en tu mente, tendrás un nuevo aprecio por estos aspectos de una iglesia al ver los beneficios que producen. Y tal vez puedas utilizar mejor estas estructuras cuando busquen «unánimes, a una voz, [glorificar] al Dios y Padre de nuestro Señor Jesucristo» (Rom. 15:6). Examinemos cinco elementos de una iglesia para ver cómo logran esto.

Predicación expositiva

Los cristianos suelen distinguir entre dos tipos de predicación: la predicación «temática», en la que el mensaje trata sobre un tema concreto (por ejemplo, lo que la Biblia dice sobre la amistad), y la predicación «expositiva», en la que el mensaje explica y aplica un pasaje concreto de las Escrituras. En la predicación expositiva, el punto del mensaje es el punto del pasaje. Tanto la predicación tópica como la expositiva pueden ser útiles para una iglesia, pero a una iglesia le irá mejor si la mayor parte de su predicación es de naturaleza expositiva. ¿Por qué? Primero, cuando la dieta principal de una iglesia es la predicación temática, la congregación raramente aprende más de lo que el pastor ya sabe. Pero cuando ese pastor está predicando fielmente a través de toda la Palabra inspirada de Dios, también está aprendiendo, con la agenda establecida por las Escrituras. En segundo lugar, la predicación expositiva no solo anima y exhorta a la congregación, sino que le presenta un pasaje de las Escrituras que puede seguir animándola y exhortándola mucho después de que el sermón haya terminado. Todo lo que he descrito en este libro requiere fe. La fe proviene de la Palabra de Dios (Rom. 10:17). Por lo tanto, un ministerio de predicación centrado en la Palabra de Dios y no en las ideas de un pastor (por sabias que sean) es una ayuda inmensa para las relaciones alimentadas por la fe.[1]

Oración comunitaria

La predicación que acabo de mencionar es una de las formas en que Dios alimenta las relaciones de amplitud y profundidad sobrenaturales en Su Iglesia. La oración es la otra. Nada de lo que he descrito en este libro puede hacerse sin la ayuda del Espíritu. Si se pudiera, ¿cómo señalaría eso a Dios y Su gloria? Si queremos amar a los que nos vuelven locos, debemos estar llenos del amor del Espíritu por ellos, y eso es algo que solo Dios puede hacer. Afortunadamente, un gran privilegio del cristiano es la promesa de Dios de responder a nuestras oraciones. Como dijo Jesús: «Y todo lo que pidiereis al Padre en mi nombre, lo haré, para que el Padre sea glorificado en el Hijo» (Juan 14:13). Esa es una de las razones por las que cada capítulo de este libro ha terminado con tres puntos de oración: uno para ti como individuo, otro para tu congregación y otro para los líderes de tu iglesia. Como señaló William Gurnall: «La armadura del cristiano se oxidará, a menos que se refine y se limpie con el aceite de la oración».[2]

1 Para mayor información, ver David Helm, *Expositional Preaching: How We Speak God's Word Today* (Wheaton, IL: Crossway, 2014).

2 William Gurnall, *The Christian in Complete Armour* (1662; Carlisle, PA: Banner of Truth, 2002), 2:289.

Sin embargo, lo ideal sería que la oración por la vida de tu iglesia no se limitara a tus momentos individuales de oración. Dios recibe gran gloria cuando toda la iglesia se une para orar por Su obra de renovación sobrenatural para transformar nuestras relaciones y nuestro amor mutuo. La oración es un medio ordinario para alcanzar fines sobrenaturales. Puedes tomar algunos de los puntos de oración que he enumerado en este libro (o algunos propios, extraídos de Romanos 12–15) y enviarlos a tu pastor como sugerencias por las que podría orar tu iglesia cuando se reúna.[3]

Una comprensión bíblica de la conversión

¿Cómo se convierte alguien en cristiano? Puede parecer una pregunta básica para un libro como este, pero con frecuencia las iglesias dan por hecho la respuesta en lugar de enseñarla con claridad. Un buen resumen de lo que significa convertirse en cristiano se encuentra en las primeras palabras de Jesús en el libro de Marcos: «arrepentíos, y creed en el evangelio» (Mar. 1:15). Es decir, tener fe en Su obra por ti (en lugar de confiar en modo alguno en tus buenas obras), y ver cómo la fe genuina se traduce en una vida de arrepentimiento del pecado para seguir a Cristo. Esto significa que decir una oración, caminar hacia el frente de la iglesia, responder a un llamado al altar, levantar la mano con la cabeza inclinada y los ojos cerrados no te hace cristiano. Esas cosas pueden haber estado involucradas en tu conversión, pero ellas mismas no son conversión. Convertirse, como le dijo Jesús a Nicodemo, es nacer de nuevo (Juan 3:3). Esto es algo que *Dios* debe hacer; ningún

3 Para más información, ver John Onwuchekwa, *Prayer: How Praying Together Shapes the Church* (Wheaton, IL: Crossway, 2018).

pecador puede simplemente levantarse una mañana y decir: «Hoy voy a nacer de nuevo».

Cuando las iglesias les aseguran a aquellos que han caminado hacia el altar, dicho la oración y levantado una mano que ahora han nacido de nuevo simplemente porque hicieron algo, a menudo llenan sus bancas con personas que sinceramente *piensan* que son cristianas, pero a quienes nunca se les ha enseñado claramente lo que significa ser cristiano. Y como mencioné en la introducción, este libro presupone que los «que te vuelven loco» son, de hecho, cristianos. Si no lo son, gran parte de este libro será muy difícil de aplicar. La enseñanza bíblica de una iglesia sobre cómo alguien se convierte en cristiano es un aspecto importante para construir relaciones llenas del Espíritu que reflejen bellamente la gloria de Cristo.[4]

Membresía significativa

Ya mencioné en el primer capítulo que el tipo de relaciones que he descrito en este libro es totalmente contrario a la mentalidad consumista de «¿qué gano yo con esto?». Pues bien, la pertenencia a una iglesia es la formalización de esta ética anticonsumista. Cuando uno se afilia a una iglesia, hace grandes promesas (amarse unos a otros, animarse unos a otros, someterse unos a otros, etc.) a un grupo de personas que probablemente todavía no conoce muy bien. Te comprometes a amarlos, incluso a los que te vuelven loco. Te sometes a su autoridad como congregación. Aceptas la iglesia en los términos de Jesús y no en los tuyos. ¿Por qué lo haces? Citando 1 Juan 4:19: «porque él nos amó primero».

4 Para más información, ver Michael Lawrence, *Conversion: How God Creates a People* (Wheaton, IL: Crossway, 2017).

Por otro lado, si la membresía no existe o solo se mantiene vagamente y cada persona se relaciona con la congregación de la manera que mejor le parezca, todo lo que he descrito en este libro es mucho más difícil. La infraestructura de la membresía (declaraciones de fe, entrevistas, reuniones, etc.) variará de una iglesia a otra. Sin embargo, el concepto básico de membresía es importante para todas las iglesias. Implica dos cosas. Primero, una membresía significativa requiere que los miembros den evidencia creíble de fe en Jesucristo. Es decir, parecen ser cristianos y, cuando pecan, se arrepienten de ello. En segundo lugar, la membresía significativa requiere que los miembros se comprometan unos con otros como las Escrituras los llaman a hacerlo en todos sus mandamientos de «unos con otros». Aunque la analogía de un pacto matrimonial no es exacta por varias razones, existe un paralelismo con la membresía de la iglesia en este sentido. Así como el compromiso del matrimonio formaliza y protege la relación entre marido y mujer, el compromiso de la membresía formaliza y protege la relación entre cristiano y congregación.[5]

Disciplina bíblica en la iglesia

Este último elemento de la estructura de la iglesia es uno al que Jesús nos llama claramente (ver Mat. 18:15-20), y es el compañero lógico de una membresía significativa. Si una iglesia ha de ser un hermoso reflejo de su Salvador, entonces su membresía debe estar compuesta por aquellos que dan evidencia creíble de haber nacido de nuevo. Pero Jesús dejó claro que hay «muchos» que, aunque se creen seguidores suyos, en realidad no son cristianos (Mat. 7:15-23). A veces

5 Para más información, ver Jonathan Leeman, *Church Membership: How the World Knows Who Represents Jesus* (Wheaton, IL: Crossway, 2012).

traemos a la membresía de la iglesia a aquellos que en el momento parecen cristianos, pero con el tiempo su negativa a arrepentirse de pecados graves sugiere que aman su pecado más que a Jesús. Es entonces cuando una iglesia necesita seguir las instrucciones de Jesús en Mateo 18, 1 Corintios 5, y en otros lugares para confrontar amorosamente a esta persona sobre su posición espiritualmente peligrosa. Si continúa negándose a arrepentirse, entonces, con el tiempo, debe ser expulsado de la membresía de la iglesia. Esto no significa que la persona no sea cristiana (esperamos que realmente lo sea), pero es un voto de «no confianza» en la profesión de fe de la persona, ya que el fruto que produce su vida no es el fruto de la fe. Nota, por supuesto, que el título de esta sección es Disciplina *bíblica* en la iglesia. Tristemente, la disciplina eclesiástica a menudo se practica de maneras que no siguen los principios bíblicos y como resultado puede ser destructiva. Sobre este tema, recomiendo el pequeño libro de Jonathan Leeman *Church Discipline* [Disciplina en la iglesia] o, para entender cómo la disciplina encaja en una ética de amor bíblico, *The Rule of Love* [La regla del amor].[6]

Cuando las iglesias no asumen la ardua tarea de la disciplina, es probable que con el tiempo se compongan cada vez más tanto de los que dan pruebas de fe como de los que no. Y, como Pablo nos advierte en 1 Corintios 5:6: «¿No sabéis que un poco de levadura leuda toda la masa?». La disciplina eclesiástica no es retributiva; su propósito es restaurador (1 Cor. 5:5). Dios quiera que suceda muy ocasionalmente. Sin embargo, es una parte importante de la

6 Jonathan Leeman, *Church Discipline: How the Church Protects the Name of Jesus* (Wheaton, IL: Crossway, 2012); y *The Rule of Love: How the Local Church Should Reflect God's Love and Authority* (Wheaton, IL: Crossway, 2018).

protección del testimonio del evangelio en una congregación. Los miembros de una iglesia deben *estar* en Cristo para *encontrar la unidad* en Cristo.

La importancia de la estructura

Si escuchas a tu pastor hablar de estas cosas, no se ha perdido en minucias teológicas. Está tratando de llevar la estructura básica de tu iglesia hacia lo que más importa: que sea un hermoso reflejo de la gloria de Cristo, expresada a través de la evangelización, el discipulado, las misiones y la unidad del cuerpo. Así que ora por esta obra en tu iglesia, aprecia dónde se está llevando a cabo y ayúdala en lo que puedas.

Índice general

Índices de las Escrituras

Construyendo iglesias sanas

¿ESTÁ TU IGLESIA SANA?

9Marks existe para equipar a los líderes de las iglesias con una visión bíblica y recursos prácticos para mostrar la gloria de Dios a las naciones a través de iglesias sanas.

Con ese fin, queremos ayudar a las iglesias a crecer en nueve marcas de salud que a menudo se pasan por alto:

1. Predicación expositiva
2. Doctrina evangélica
3. Una comprensión bíblica de la conversión y el evangelismo
4. Membresía bíblica en la iglesia
5. Disciplina bíblica de la iglesia
6. Una preocupación bíblica por el discipulado y el crecimiento
7. Liderazgo bíblico de la iglesia
8. Una comprensión bíblica de la práctica de la oración
9. Una comprensión y práctica bíblica de las misiones

En 9Marks escribimos artículos, libros, reseñas de libros y una revista en línea. Organizamos conferencias, grabamos entrevistas y producimos otros recursos para equipar a las iglesias para que muestren la gloria de Dios.

Visita nuestro sitio web para encontrar contenido en **más de 40 idiomas** y suscríbete para recibir nuestro diario en línea gratuito. Consulta aquí la lista completa de nuestros sitios web en otros idiomas:

9marks.org/about/international-efforts

9marks.org